역사란 무엇인가

김호연

UUP

역사란 무엇인가

2015년 3월 9일 2판 13쇄 발행
2002년 3월 2일 2판 1쇄 발행

지은이 | 김호연
발행인 | 오연천
발행처 | UUP(울산대학교출판부)

출판등록 | 제 370-1996-000001호(1996.3.13)
주소 | 680-749 울산광역시 남구 대학로 102(무거동) 울산대학교
전화 | (052) 259-2488
팩스 | (052) 277-3011

정가 9,000원

ISBN 978-89-7868-058-5

제2판을 내며

지난 1년 동안 필자는 이 책의 초판을 교재로 삼아 학생들에게 역사학에 대한 강의를 진행해 왔다. 그런 과정에서 이 책은 학생들로부터 대체로 만족할 만한 호응을 얻었다.

그렇지만 필자로서는 일부 내용에 대하여 보충해야할 필요를 느껴 개정판을 내게 되었다. 특히 제4장의 사관과 제5장의 시대구분, 그리고 제9장의 설명 문제에 대하여 필요한 절들을 하나씩 추가하였다. 그리고 제3장과 제8장, 그리고 제10장과 제14장 등 일부의 장에서는 서술내용의 보충과 더불어 설의 구분을 늘리거나 수정하여 이 책의 내용이 더 충실해지도록 노력하였다.

개정판 역시 초판에서와 마찬가지로 역사학에 대하여 좀 더 공부하고자 하는 학생들을 위하여 필요한 부분에 대하여 각주를 달고, 책의 말미에 참고문헌을 실었다. 각주와 참고문헌에 표시된 책들은 이 책의 독자들이 주로 대학에서 교양과목으로 수업을 듣는 학생들임을 감안하여 우리말로 번역된 문헌을 원칙으로 하였다.

개정판을 내면서 더 많은 독자들이 역사학에 대하여 흥미를 갖고 역사에 대한 일반적인 지식을 넓힐 수 있기를 희망한다. 아울러 그런 과정에서 역사학이 우리들의 삶에 지식과 지혜를 제공하여 인생의 길잡이가 되는 차원 높은 실용학문이라는 공감대가 형성되기를 기대한다.

2002년 2월
김호연

머리말(제1판 서문)

이 책이 쓰여진 목적은 역사학 일반을 공부하는 학생들에게 도움이 되기 위한 것이다. 특히 대학에서 교양과목으로 '사학개론'이나 '역사란 무엇인가'에 대해 강의를 듣는 학생들에게 도움이 되기를 바라는 마음에서이다.

필자가 이 책을 쓰기로 결심한 것은 10여 년 동안 역사학 개론에 대한 강의를 하면서 매번 느꼈던 어려움 때문이다. 무엇보다 학생들이 쉽게 이해할 수 있도록 서술되고 동시에 역사에 대하여 전반적인 내용을 다루는 책이 거의 없다는 점이다. 물론 역사의 본질이나 역사의 방법, 또는 역사연구의 동향 등에 대하여는 훌륭한 저서와 번역서들이 나와 있다. 그러나 그 책들의 대부분은 학부의 학생들이 쉽게 이해하기에는 너무 어려워 오히려 대학원에서 다루기에 알맞은 내용들로 생각된다. 또 기존의 저서들은 대부분 역사의 본질 문제나 역사연구의 방법론 문제, 또는 역사연구의 동향 등 세분된 하나의 분야를 다루고 있어, 역사에 대한 일반적인 소개 강의에는 어느 한 측면이 제외되었다는 아쉬움을 많이 느꼈다.

그 같은 점들을 고려하여 필자는 이 책에서 역사에 대한 기본적인 내용들이 모두 다루어질 수 있도록 노력하였다. 우선 이 책의 앞부분에서 역사의 개념과 역사연구의 필요성, 그리고 역사적 사실과 사관, 시대구분의 문제 등을 다루고, 다음에 사료와 설명, 그리고 비교사 및 유형의 문제에 대하여 다루었다. 마지막 부분에서는 19세기와 20세기의 역사연구동향 및 오늘의 역사연구동향을 다루어 독자들이 흥미를 갖고 읽을 수 있도록 노력하였다. 이들 내용을 다루면서 필자는 독자들이 쉽게 이해할 수 있도록 가능한 평이

하게 서술하려 노력하였다.

이 책을 쓰면서 필자는 국내·외 많은 스승과 선배 및 동료 교수들로부터 결정적인 도움을 받았다. 매번 자세히 밝히지는 못했지만 많은 내용들이 그들의 저서나 논문에 기반을 두고 있다. 그 분들이 없었다면 이 책 역시 있을 수 없을 것이다. 이 자리를 빌어 많은 스승과 선배 및 동료 교수들에게 진심으로 감사드린다.

이 책이 구상된 것은 몇 년 되었으나 실제로 서술 작업에 임한 것은 최근의 일이다. 역사입문서를 쓰는 작업이 매우 어렵고 벅찬 일이어서 망설임이 컸기 때문이다. 그럼에도 감히 이 책을 내놓게 된 것은 기존의 저서들을 바탕으로 좀 더 쉽고 좀더 전반적인 내용으로 역사에 대한 소개가 가능할 것이라는 생각 때문이다. 이 책을 읽는 독자들에게 역사 전반에 대한 이해에 조금이라도 더 도움이 될 수 있기를 진심으로 기원한다.

이 책은 대학의 교재로 쉽게 사용할 수 있도록 각 장을 주제별로 정리하였다. 각 장으로 선정된 주제는 역사에서 가장 일반적으로 논의되는 문제들이다. 그렇게 선정된 각 장의 내용은 강의 시간을 고려해 대체로 일정한 분량으로 서술되었다. 그러다 보니 내용 중에는 미흡하게 다루어졌거나 빠진 부분도 있다. 그런 부분에 대해서는 독자 여러분의 질정에 따라 앞으로 보완하여 더 나은 책이 되도록 노력할 것을 약속드린다.

마지막으로 이 책의 표지 디자인을 해준 울산대학교 디자인대학의 김홍명 교수에게 감사드린다. 그리고 이 책을 출간하도록 격려해주고 물심 양면으로 지원해준 학과 교수들과 울산대학교 출판부장 및 출판부 직원 여러분께 감사드린다.

2001년 2월

김 호 연

차 례

제1장
:
역사의 개념

1. ‘역사’의 어원

요사이 우리들은 ‘일본의 역사 왜곡’, ‘역사 바로 세우기’ 등과 같은 말을 자주 듣는다. 여기서 ‘역사’라는 말은 무엇을 의미하는가? 과거에 일어났던 일들을 의미하는가, 아니면 과거의 기록을 의미하는가? 아니면 양자 모두를 의미하는가? 또 역사라는 말은 처음부터 그 같은 의미를 갖는 용어로 사용되었는가?

우선 역사라는 말의 어원에 대하여 알아보자. 우리말의 역사에 해당하는 용어를 영어에서는 history, 프랑스어에서는 histoire, 이탈리아어에서는 storia라고 표기하는데, 이는 모두 그리스어의 ‘ἱστορία’라는 단어에서 유래한 것이다. 그리스어에서 ‘ἱστορία’라는 말은 ‘질문’(inquiry), ‘조사’(investigation)라는 의미로 사용되었으며, 여기서 ‘탐구하여 알아낸다’라는 의미가 유래되었다. 역사학의 아버지라 불리는 그리스의 역사가 헤로도토스(Herodotos, B.C. 484～425경)가 페르시아 전쟁에 관하여 서술한 『역사』의 첫머리는 그 같은 점을 분명하게 보여주고 있다.

> 다음 내용은 할리카르낫소스(Halikarnassos) 사람 헤로도토스가 **탐구한 바**를 발표하는 것이다. 이는 과거에 일어난 일이 시간이 흐르면서 사람들의 기억에서 사라지지 않도록 하기 위해, 또 그리스인들(Hellenes)과 이민족(Barbaroi) 사이에 벌어진 저 놀랍고도 중대한 사건 및 여타 다른 일들 그리고 그들이 서로 전쟁을 벌였던 원인이 사람들에게 알려지지 않고 그냥 지나치는 일이 없도록 하기 위한 것이다.[1](고딕체: 저자)

헤로도토스가 말하고 있듯이 그는 '**탐구한 바**'를 잊지 않기 위하여 기록한 것이다. 투기디데스(Thucydides, B.C. 456~395경) 역시 펠로폰네소스 전쟁사를 서술하면서 'ἱστορία'라는 제목을 사용했는데, 그 역시 전쟁에 대해 탐구해 알아낸 바를 기록하였다는 의미였다. 중세시대에 라틴어로 표기된 historia라는 단어 역시 그리스어의 의미와 같은 뜻으로 사용되었다. 여기서 우리는 고대 그리스와 로마, 그리고 중세시대에 역사라는 말은 대체로 과거 사건에 대하여 조사한 결과, 즉 과거 사건의 재구성이라는 의미로 사용되었다는 것을 알 수 있다.

그런데 중세시대에 사건을 기록하던 연보(annals) 및 연대기(chronicles)의 서술방식과 주로 위인들의 업적을 서술하던 전기(vitae) 및 업적록(gesta)의 서술방식이 결합되면서 중세말에 이르러 historia라는 말은 두 가지 의미를 갖게 되었다. 하나는 과거에 일어난 사건 그 자체라는 의미였고, 다른 하나는 과거의 사건에 대한 탐구의 결과, 즉 과거 사건의 재구성이라는 의미였다.

어원적으로 역사가 과거에 일어났던 일과 관련이 있다는 것

---

1) 봉천서양사연구실 엮음, "그리스의 역사서술Ⅰ: 헤로도토스의 『역사』", 『서양의 역사학Ⅰ』(청년사 1997), p. 17; 헤로도토스(Herodotos), 『역사』(*The Histories*), 박광순 역(범우사 1987) 참고.

은 독일어에서 분명히 보여주고 있는데, 독일어에서 역사를 의미하는 Geschichte는 동사 geschehen(일어나다, 생기다)의 과거분사형인 geschicht가 명사화한 것이기 때문이다.

18～19세기에도 역사라는 말이 과거의 사건 그 자체와 과거사건의 재구성이라는 두 가지 의미로 사용되었던 사실은 헤겔(George Wilhelm Friedrich Hegel, 1770～1831)에 의해서 잘 설명되고 있다. 헤겔은 역사가 '사건으로서의 역사'라는 의미와 더불어 또한 '사건의 설명으로서의 역사'라는 의미가 있다고 보아, 역사가 '객관적인 측면'과 '주관적인 측면'을 동시에 지니고 있는 것으로 설명하였다. 즉, 역사의 '객관적인 측면'은 '사건 그 자체'를 의미하고 역사의 '주관적인 측면'은 '사건에 대한 기술'을 의미한다는 것이다.[2)]

그러면 동양에서는 역사를 어떤 의미로 사용했는가? 우리말의 '역사'를 한자로 표기하면 '歷史'다. 중국의 경우 '歷史'라는 말 자체는 명나라 말기부터 사용된 것으로 알려져 있다. 그러나 역사에 관련된 용어가 사용되기 시작한 것은 훨씬 오래 전부터였다. 명말(明末) 이전에도 사(史)라는 말을 사용했는데, 그 말의 사용은 적어도 후한(後漢)까지 거슬러 오른다. 이 때의 史라는 말도 '사건 그 자체'와 '사건에 대한 기록'이라는 이중의 의미를 가지고 있었다. 그러나 史라는 말은 그보다는 역사기록자(歷史記錄者) 즉, 사관(史官)이라는 의미가 더 강하였다. 후한의 허신(許愼)이 저술한 설문해자(說文解字)를 보면 史는 '사

2) 서양에서의 역사에 대한 일반적인 개념은 다음 글들을 참고할 것. 베른하임(Ernst Bernheim), 『사학개론』(*Einleitung in die Geschichtswissenschaft*), 조기준 역(삼성출판사 1993), p. 13; 차하순, 『역사의 본질과 인식』(학연사 1991), pp. 7～11; 이상신, 『역사학 개론』(신서원 1994), pp. 11～2; 임희완, 『역사학의 이해』(건국대학교 출판부 1995), pp. 22～4.

(事)를 기록하는 사람'으로 풀이하고, 史라는 글자를 손 수(手)자와 가운데 중(中)자의 합성어로 분석하였다. 中은 바를 정(正)자를 뜻하므로 史는 곧 정수(正手), 즉 바르게 쓴다는 의미라는 것이다.[3] 事와 史를 구분한 허신의 분석을 통하여 우리는 事는 역사적 사실을 표현했고, 史는 역사적 사실에 대한 기록을 의미하였다는 것을 알 수 있다.

이상의 고찰에서 우리는 동양과 서양 모두에서 역사라는 말이 어원적으로 적어도 '사건자체'와 더불어 그에 대한 탐구의 결과인 '사건에 대한 기록'이라는 이중적인 의미를 지니고 있음을 알 수가 있다.

2. 역사의 의미

그러면 오늘날 우리들은 어떤 의미로 역사라는 말을 사용하는가? 오늘날 역사라는 말은 여러 학문이 정립된 19세기 후반 이래 다음과 같이 세 가지 뜻을 갖는 것으로 정리할 수 있다.[4] 첫째, 역사라는 말은 '과거에 일어났던 일', 즉 '과거의 사실'을 의미한다. 둘째, 역사는 '과거에 일어났던 일에 대한 설명', 즉 '과거의 사건에 대한 기록'을 의미한다. 셋째, 역사는 또한 '학문으로서의 역사학'을 의미한다.

---

3) 중국문헌에 나오는 태사(太史), 내사(內史), 좌사(左史), 우사(右史), 소사(小史) 등은 중요한 사건을 기록하는 관리인 사관(史官)을 의미하는 것이었다. 전해종, "중국인의 전통적 역사관", 『사관의 현대적 조명』, 차하순 편저(청람문화사 1978), pp. 184~89.

4) 키른(Paul Kirn), 『역사학 입문』(*Einfuhrung in die Geschichtswissenschaft*), J. C. Traut, 한기영 공역(정음사 1985), p. 15.

1) 과거의 사실

우리들은 우리 역사에서 위대한 인물이나 혹은 큰 사건에 대하여 말할 때 흔히 세종대왕, 이순신 장군, 3·1 운동, 6·25 전쟁 등을 열거한다. 이 경우 역사는 과거에 생존했던 인물이나 또는 과거에 일어났던 사건 혹은 사실들을 의미한다. 이처럼 역사는 현재나 미래가 아닌 명백히 '과거'에 일어났던 사건이나 사실, 인물들에 관계되고 있다.

그러면 그 같은 과거의 사실들은 오직 인간에게만 관련된 것들인가 혹은 자연에 관련된 것들도 포함되는가? 콜링우드(R. G. Collingwood, 1889~1943)에 의하면 역사는 인간에게만 국한되는 현상이다. 역사가 다루는 대상이 '사고의 과정'을 내포한 '인간의 행위들'이기 때문이다. 인간은 사고를 하는 주체로서 행위를 하나 자연은 그렇지 못하다. 그러므로 자연의 과정은 사고의 과정이 없는 단순한 '사건의 과정'일 뿐이다.[5] 요컨대 콜링우드에 의하면 역사의 과정은 사고의 과정이다. 현대의 역사가 로빈슨(James Harvey Robinson)이나 베커(Carl Becker) 등도 역사란 인간이 생각하고 말하고 행한 모든 것을 고찰의 대상으로 삼는 학문으로 규정하여, 역사의 대상을 인간에게만 국한시키고 있다.[6]

그에 비하여 자연의 역사도 하나의 역사라는 생각 역시 일찍부터 존재해 왔다. 예컨대 16세기 프랑스 사상가 보댕(Jean Bodin, 1530~1596)은 역사에는 인간의 역사, 자연의 역사, 신의 역사가 있다고 보았으며, 헤르더(Johannes Herder, 1744~1803)나

5) 콜링우드(R. G. Collingwood), 『역사의 인식』(*The Idea of History*), 소광희, 손동현 공역(경문사 1985), pp. 32, 211~17.

6) J. H. Robinson, *The New History*(Macmillan: London 1912).

마이어(Eduard Meyer, 1855～1930)도 자연현상을 역사의 탐구 대상에 포함시켜야 한다고 주장하였다. 현대의 역사가 툴민(Stephen Toulmin)은 진화의 관점에서 역사를 볼 때에는 인간뿐만 아니라 모든 식물과 동물, 그리고 광물의 역사를 이야기 할 수 있다고 주장하였다.7)

인간사만을 역사의 대상으로 삼으려는 것은 인간의 정신적 측면을 중요시하는 것이며, 자연계에까지 확대하려는 것은 역사를 진화의 한 과정으로 보려는 것이다. 그렇지만 인간의 역사와 자연의 역사는 다르다. 자연의 변화는 외적인 변화만이 있을 뿐이나 인간사의 변화 속에는 사상과 심리의 변화인 내적인 변화가 수반되기 때문이다. 그런데 자연의 변화 가운데 일부는 인간의 행위 및 사상과 심리에 영향을 미친다. 바로 이 같은 점에서 우리는 역사의 대상으로서 자연현상을 포함시킬 수 있다. 공룡의 출현과 멸종은 자연사로서는 중요하나 인간의 행위와 사상과는 관련이 없다. 그러므로 인간과 관련이 없는 자연현상은 역사에 포함되지 않는다. 자연현상은 인간과 깊은 관계를 맺는 경우에만 역사적 사건이나 사실에 포함될 수 있다. 예컨대 태평양 바다 한가운데서 일어나 인간에게 아무런 영향을 미치지 않은 지진은 역사적 사건으로서 의미가 없으나, 2001년 1월 26일 인도의 서북부 구자라트주(州)에서 일어난 지진은 많은 피해와 수만 명의 사상자를 낸 역사적 사건이다. 지진 자체는 자연현상이나 인도 사회에 무시 못할 큰 영향을 미친 구자라트주의 지진은 단순한 자연현상을 넘어서는 것이다. 특정한 시기의 특정한 장소에 사는 사람들에게 큰 영향을 미치는 지형과 기후, 토질과

7) 차하순, 『역사의 본질과 인식』, pp. 17～24.

같은 자연환경 역시 마찬가지이다.

그렇다면 '인간에 관련된 과거'는 모두 역사 연구의 대상인가? 인간에 관련된 과거의 일들은 그 자체가 모두 '역사적 과거[8]'가 될 수 있는 재료임에는 틀림이 없다. 그런데 개인의 생각과 행동, 집단의 생각과 행동, 사회 제도와 그 영향, 개별 국가의 움직임 등 '인간에 관련된 과거'는 수없이 많다. 그렇지만 이들이 모두 역사연구의 대상은 아니다. 우선 순전히 동물적인 행위에 속하는 것, 예컨대 먹고 마시고 잠자고 사랑을 나누는 것 등의 본능적인 행위는 역사가의 관심 밖이다. 또 개별 인간에게만 국한되는 행위와 사고 역시 역사 연구의 대상이 아니다. 아무리 영향력이 큰 사람일지라도 혼자 방안에 누워 공상한 내용이 역사가의 관심을 끌 수는 없다. 즉, 인간사회에 영향을 미치지 않은 개인적인 행동이나 생각 등은 과거의 사실로서 의미가 없다. 달리 말하면 인간의 사회에 영향을 미쳤던 사건과 사실들만이 역사연구의 대상이 되는 과거의 사실들인 것이다. 예컨대 술을 많이 마셔 화제가 되었던 러시아의 옐친 대통령이 술에 취해 곯아 떨어진 것은 '역사적 과거'에 속하는 일이 아니나, 만약 그가 술에 취해 외교문서에 대한 서명이 늦어져 러시아의 외교문제에 큰 영향을 주었다면 그의 음주는 '역사적 과거'로서 역사에 남게 되는 것이다.

헤겔이 과거의 '사건 자체'를 객관적 의미의 역사로 규정했다 하더라도 그 '사건 자체'가 사회에 영향을 미쳤을 경우만이 '역

---

8) '역사적 과거'는 역사가가 과거의 사실들 가운데 역사연구의 대상으로 선택한 과거사실을 의미한다. 그것을 카(E. H. Carr)는 '역사적 사실'이라는 말로 표현하였다. 카, 『역사란 무엇인가』(*What is History*), 이연규 역(단우 1992), p. 12.

사적 과거'가 된다는 사실은 과거 사건이 갖는 영향력의 중요성에 따라 '역사적 과거'가 결정된다는 것을 말해준다. 달리 말하면 역사에서 취급하는 과거의 사건은 사회에 영향을 미친 사건들로서, 그것은 개인의 경험을 넘어서는 것이다. 즉, 사회라는 집단이 영향을 받은 집단적인 경험을 가리키는 것으로, 사건, 사상, 제도, 자연환경 등에 의한 영향을 의미한다. 이런 의미에서 역사를 '인간의 집단 경험'으로 정의하고 있는 로버트 다니엘즈(Robert V. Daniels)의 표현은[9] 매우 적절한 것으로 생각된다.

2) 과거의 기록

우리들이 "나는 고려의 역사를 읽었다", 혹은 "나는 영국의 역사를 읽었다"라고 말할 때 우리들이 실제로 읽은 것은 고려나 영국에 관한 기록이나 문헌을 말한다. 기록이나 문헌은 과거의 사실 자체가 아니라 과거에 대한 기록을 의미한다. 여기서 우리는 고려의 역사나 영국의 역사가 고려나 영국의 과거 사실 자체가 아니라, 그것을 바탕으로 조사 내지는 탐구한 결과인 역사서(歷史書)를 의미한다는 것을 알 수 있다. 과거 자체는 지나가 버려 현재 우리의 눈앞에 없는 것이다. 따라서 거의 대부분 우리들이 직접 경험한 일이 아니다. 눈앞에서 전개되지도 않고 또 직접 경험하지도 않은 지나간 일들(사건 자체)은 우리의 잊혀진 세계 속에 존재할 뿐이다. 즉, 헤겔이 말하는 객관적인 사건 자체가 현재 어디에도 존재하지 않는 것이다. 그럼에도 우리는 '79년 8월 24일 로마의 베수비우스(Vesuvius) 화산이 폭발하여 폼페이

9) 다니엘즈(R. V. Daniels), 『역사연구: 어떻게 왜 해야 하나』(*Studying History: How and Why*), 이호민 옮김(민지사 1993), p. 21.

(Pompei)와 헤르쿨라네움(Herculaneum) 두 도시가 용암과 화산재로 묻혀버렸다'거나, '800년 12월 25일 크리스마스에 샤를마뉴(Charlemagne)가 로마에서 교황 레오 3세로부터 서로마 황제의 제관을 받았다'는 사실을 알고 있다. 우리는 어떻게 먼 옛날의 일을 더구나 우리 나라에서 일어나지도 않은 일을 자세히 알 수 있는가? 우리가 폼페이의 매몰과 샤를마뉴의 대관에 대하여 아는 것은 '과거의 사실 자체'를 통해서가 아니라 '과거의 사실에 대한 기록'을 통해서이다. 바로 '과거의 기록'으로 정의되는 역사를 통해서이다. 이 경우 역사란 기록된 자료나 역사서를 의미한다. 우리는 사회적으로 지탄받는 지도층 인사들이 자신의 행위가 정당하다는 것을 강조하며 흔히 "역사의 심판을 받겠다"고 말하는 것을 볼 수 있다. 여기서 말하는 '역사의 심판'은 상차 역사가들의 서술을 통하여 평가를 받겠다는 의미이다. 따라서 그들이 말하는 역사는 과거의 사실 자체라기 보다는 과거의 사실을 통해 평가된 기록으로서의 역사를 의미한다.

우리는 인류의 역사가 문자 사용의 유무에 따라 선사시대(先史時代)와 역사시대(歷史時代)로 나뉜다는 것을 잘 알고 있다. 인류가 문자를 사용하여 사회에서 일어난 사건이나 사실들을 기록함으로써 '기록으로서의 역사'가 가능해진 것이다. 만약 기록이 없었다면 지나가 버린 먼 옛날의 일들을 어떻게 알 수 있겠는가? 기록은 우리들을 과거 역사로 이끄는 길잡이인 것이다. 우리는 길잡이 기록을 따라 과거로 들어가 옛날의 일들을 알아내는 것이다. 그러면 역사의 길잡이가 반드시 문자만인가? 기록이 무엇을 의미하는가에 대하여 우리는 서양인들이 사용하는 '쓰여진 기록'(written records)과 '쓰여지지 않은 기록'(unwritten records)이라는 분류를 참고할 수 있다.10) 이 같은 구분은 문자로 표현된 것은 물론 그렇지 않은 것도 우리에게 과거에 대하여 무엇인가를 알려줄 수 있는 것은 모두 기록이 될 수 있다는 것을 의미한다. 서양인들의 구분처럼 우리는 기록을 문자로 쓰여진 것과 그렇지 않은 것으로 구분할 수 있다. 물론 기록의 대부분은 문자로 쓰여진 것이며 우리는 주로 이를 이용하여 역사를 연구한다. 삼국사기나 조선왕조실록, 영국의 둠스데이 북(Doomsday Books)이나 중세 촌락문서(Medieval Village Notes)[11] 등이 그러한 예이다. 그러나 유물이나 유적, 전설 등 쓰여지지 않은 기록도 무시할 수 없는 것이다. 역사를 연구하는 사람들은 역사의 연구에서 그 같이 문자로 기록되어지지 않은 자료들을 이용하기도 한다. 우리는 이들 두 기록들을 통틀어서 '사료'라 부른다.

그러면 우리들은 기록이나 문헌의 내용을 곧바로 역사적 사실로 규정할 수 있는가? 우리는 앞에서 이미 인간의 사회(집단)에 영향을 미친 사실만이 '역사적 사실'로 규정할 수 있다는 것을 알았다. 여기서 우리는 남겨진 기록이나 문헌 가운데 순전히 개인적인 문제를 기록한 것은 역사의 자료로서 별 가치가 없을 것이라는 점을 쉽게 이해할 수 있다. 사회집단에 영향을 미친 과거의 기록들이 역사적 자료로서 중요한 것이고, 역사가들은 이를 이용하여 과거 역사를 연구하는 것이다. 그렇다면 남겨진 기록들은 완벽한 것인가? 어떤 기록도 과거에 일어난 '역사적인 사건들'을 빠짐없이 완벽하게 포함할 수는 없을 것이다. 즉, 우리에게 남겨진 기록들은 무수한 과거의 사실들 가운데에서 선

10) 임희완, 『역사학의 이해』, p. 27.

11) 둠스데이 북은 잉글랜드를 정복한 정복왕 윌리엄 1세(William I, 재위 1066~87)가 1086년에 완성한 토지대장문서이다. 촌락문서는 영국촌락에 대한 여러 기록들로, 발간된 대표적인 것으로는 레스터셔(Leicestershire)의 중세 촌락문서 6권이 있다.

택된 일부만을 포함하고 있는 것이다. 그러면 기록에 남겨진 과거의 사실들은 어떤 기준에 의해서 선택된 것인가? 선택에는 불가피하게 기록자(또는 역사가)의 주관이 개재될 수밖에 없다. 이 점에서 사료의 신빙성과 객관성, 그리고 사관의 문제가 제기되고 있다. 이들 문제는 다음에 더 자세히 다루어지게 될 것이다.

3) 학문으로서의 역사학

우리들은 '당신의 전공이 역사입니까?'라는 물음이 상대방의 전공이 학문으로서 역사학인가를 묻는 질문이라는 것을 잘 알고 있다. 이 질문에서처럼 역사는 학문분야로서의 역사학을 의미하기도 한다. 역사학은 사료를 수집하여 평가하고 해석하여 서술해 나가는 이론과 방법론 등을 일컫는 학문으로 정의된다.

그러면 학문으로서의 역사학은 어떻게 연구가 이루어지고 있는가? 역사연구를 위하여 역사가는 기존에 연구가 이루어지지 않은 분야이거나 혹은 연구가 미흡했다고 판단되는 분야, 또는 기존 연구자들 사이의 연구성과가 서로 모순이 되는 분야 등을 선택하여 연구를 시작한다. 또 드물기는 하지만 현재까지 알려지지 않은 전혀 새로운 역사적 자료가 발견되었을 때도 그를 바탕으로 새로운 연구가 시작된다.

연구분야를 설정한 역사가는 현재까지의 연구성과를 비판적으로 검토하고, 관련 사료들을 수집한다. 역사가에게 있어서 사료의 수집은 매우 중요하다. 사료의 수집 여부가 연구의 성패를 결정할 수 있기 때문이다. 그런데 사료는 광범위한 지역에 분포되어 있을 수 있고, 또 여러 사람이 관련되어 일부분씩을 소유할 수도 있어 수집이 쉽지 않은 경우가 많다. 특히 관련 사료가 어디에 존재하는지 조차 모를 경우가 허다하다. 소재를 아는 경우에도 현대사의 경우 국가나 개인의 비밀주의나 공개거부로 인하여 구할 수 없는 경우도 많다. 어떤 이유든 사료가 충분히 수집되지 못한 경우에는 연구가 제대로 이루어질 수 없다.

사료가 수집된 후에는 수집된 사료가 과연 믿을 만한 것이지 그 신빙성에 대한 검토가 이루어져야 한다. 우선 사료가 언제, 어디서, 누구에 의하여 작성되었는가를 검토하여 진본인가 여부를 가려야 한다. 그리고 사료 내용의 신빙성도 여러 측면에서 검토되어야 한다. 이 같은 작업이 바로 다음에 상술될 사료비판 작업이다. 역사가의 역사서술은 이렇게 비판작업을 거친 사료를 바탕으로 이루어지는 것이다.

그런데 사료를 어떻게 처리하여 역사를 서술할 것인가에 대하여는 19세기 이후 많은 논란이 이어져 왔다. 이들 논란은 대체로 다음가 같이 두 가지 입장으로 정리될 수 있다.

우선 1830년대 랑케(Leopold von Ranke, 1795～1885)는 역사가의 임무를 과거가 '실제로 어떠했었는가'를 보여주는 것으로 생각하였다.[12] 랑케의 영향에 따라 많은 역사가들이 역사가의 판단이 배제된 객관적인 역사연구를 위해 노력하였다. 그들은 가장 훌륭한 역사연구는 과거의 사실들을 완벽하게 수집하여 제시하는 것으로 생각하였다. 그런데 과거의 어느 한 사건이라도 그에 관련된 모든 자료를 완벽하게 수집하여 제시하는 것이 가능한 일인가? 예컨대 제2차 세계대전에 대하여 연구하는 역사가가 제2차 세계대전에 대한 자료를 완벽하게 모아서 제시할 수 있겠는가? 영국의 역사가 액튼 경(Lord Acton, 1834～1902)

12) 차하순, 『랑케와 부르크하르트』(탐구당 1984); 차하순, "랑케의 방법과 이론", 『현대의 역사사상』(탐구당 1994), p. 22.

은 『케임브리지 근대사』 초판을 계획하면서 '궁극적으로 완성된 역사'를 위하여 완벽한 자료를 모으고자 하였다. 그러나 그의 신념은 얼마 가지 않아 깨어졌고, 정작 자신은 계획한 역사서를 한편도 펴내지 못하였다.

그에 비하여 콜링우드는 역사가는 과거의 사건 속에 내재되어 있는 사고를 추체험(追體驗)할 뿐이라고 보았다. 즉, 모든 역사는 사상의 역사이며, 역사란 바로 그러한 사상의 역사를 연구하는 역사가가 그 사상을 자기 마음속에 재현하는 것이다. 그러므로 콜링우드에 따르면 역사가가 역사적으로 인식할 수 있는 것은 역사가 스스로 재사고할 수 있는 것뿐이다.[13] 카(E. H. Carr)는 콜링우드의 입장을 지지하면서도, 과거의 재구성 작업이 과거사실들의 나열만으로는 이루어질 수 없으며 오히려 과거의 재구성 과정이 과거사실들을 어떻게 선택할 것인가를 지배하며 바로 그 점에서 과거사실을 '역사적 사실'로 만든다는 점을 강조하고 있다.[14]

오늘날 역사가들은 과거의 수많은 자료들 가운데 자신이 필요로 하는 것들을 골라내어 이용하고 있다. 그러나 역사가가 자료를 취사선택할 수 있다는 것이 곧 과거의 사실들을 임의로 배제하거나 소홀히 다룰 수 있다는 것을 의미하는 것은 아니다. 역사가에게 과거의 사실은 중요하며, 가능한 모든 자료를 수집해야한다는 것은 역사연구의 기초에 속하는 일이다. 문제는 그 자료들을 어떻게 이용하느냐이다. 이미 언급한 바와 같이 과거의 사실들은 역사 연구자가 사용할 원료에 지나지 않을 뿐, 그 자체가 '역사적 사실'은 아니다. 역사가가 모아진 과거의 사실

13) 콜링우드, 『역사의 인식』, pp. 214~18.
14) 카, 『역사란 무엇인가』, p. 31.

들 가운데 연구할 사건이나 사실의 서술에 중요하다고 생각되는 것들을 선택해 냈을 때, 그것은 비로소 단순한 과거의 사실들 가운데 역사적 사실로 취급될 수 있는 것이다. 그렇지만 역사가가 선택한 과거의 사실이라 하여 모두 역사적 사실로 확립되는 것은 아니다. 어느 특정한 역사가가 선택한 과거의 사실은 역사적 사실의 후보인 셈이며, 그것이 역사적 사실로 확립되기 위해서는 다른 많은 역사가들로부터 그 중요성이 인정되어야만 한다.

그러면 역사가들은 선택된 역사적 사실을 어떻게 해석하는가? 역사가들은 다루어야 할 사건이나 사실들이 오래된 옛날의 것일수록 당시의 상황을 이해하려고 노력해야한다. 예컨대 17세기 유럽의 종교전쟁을 다루는 역사가는 당시의 정치, 경제, 사회의 혼란스럽고 무질서하며 복잡한 상황을 이해하여야 할 것이다. 뿐만 아니라 당시의 상황을 기록한 기록자의 마음과 당대에 살았던 사람들의 심성을 이해하려 노력하여야 할 것이다. 역사가가 글을 쓰면서 그 대상이 되는 시대를 이해하고 당대 인물들의 마음과 접촉을 이루어 낼 수 없다면 역사는 쓰여질 수 없는 것이다. 그것은 현재에 살고 있는 역사가가 현재의 눈을 통해서 과거를 보고 이해해야 하기 때문이다. 이 같은 의미에서 크로체(Benedetto Croce, 1866～1952)의 표현대로 "모든 역사는 현재사"이며, 카의 표현대로 역사란 "현재와 과거 사이에 그침없이 오가는 대화"15)인 것이다.

---

15) 크로체(B. Croce), 『역사의 이론과 역사』(*Zur Theorie und Geschichte der Historiographie*), 이상신 역(삼영사 1978), pp. 10～13; 카, 『역사란 무엇인가』, p. 44.

제2장
:
역사연구의 필요성

우리는 누구도 역사와 무관하게 존재할 수 없다. 누구도 자신을 둘러싸고 있는 역사 속에서 빠져나갈 수가 없기 때문이다. 모든 사람들은 자신만의 개인사(個人史)가 있을 뿐만 아니라, 동시에 자기 고장, 자기 나라 그리고 전 세계의 역사 속에서 사회구성원의 한 일원으로 살고 있는 것이다. 그러기에 우리는 역사를 소홀히 생각할 수 없다. 그렇다면 우리는 역사 속에서 무엇을 얻을 수 있기에 역사를 배우며 중요시하는가? 달리 말하면 과연 역사연구의 필요성이나 효용성은 무엇인가? 우리는 역사연구의 필요성이나 효용성을 첫째, 삶의 교훈, 둘째, 인간의 자기 발견, 셋째, 지식과 학문의 기초, 넷째, 미래에 대한 예측이라는 측면으로 나누어 고찰할 수 있다.

1. 삶의 교훈

역사책 속에는 동서고금(東西古今)의 흥미로운 사실과 사건, 그리고 인물들에 대한 이야기들이 가득 차 있다. 따라서 우리들

대부분은 이와 같은 내용을 읽는 것만으로도 즐겁다. 먼 옛날 아득히 먼 고장의 이야기를 읽을 때는 특히 더 그렇다. 프랑스의 역사가 블로크(Marc Bloch, 1886～1944)는 역사는 자신이 어릴 적부터 끊임없는 즐거움과 위안, 그리고 흥미의 원천이었다고 말하고 있다.[1] 그런가 하면 다니엘즈는 "역사는 다른 이유가 없더라도 호기심만으로도 연구할 가치가 있는 학문"[2]이라고 규정하고 있다. 역사가 인간의 모든 경험을 기록하여 인간의 근원적 호기심을 충족시켜 주기 때문이다. 그런데 우리들은 역사에서 얻는 즐거움과 매력이 문학작품이나 영화 속에서 얻는 그것들과 동일한 수준에서 논의되거나 비교될 수 있는 대상이 아니라는 것을 이해해야 한다. 역사는 문학이나 영화처럼 허구와 상상의 세계를 대상으로 하는 것이 아니라 과거의 사실을 대상으로 하며, 과거의 사실은 현재 우리의 삶과 직·간접으로 연결되어 있기 때문이다.

개인으로서 우리들의 삶은 시공(時空)으로 극히 제한되어 있다. 반면에 집단으로서 인류가 겪어온 경험들은 너무 넓고 다양하다. 그것은 한 개인으로서는 도저히 직접 체험할 수 없는 것이다. 그럼에도 우리들은 인류가 겪어온 중요한 경험들을 잘 알고 있다. 바로 역사를 통해서이다. 역사는 인류가 경험한 깊고 폭넓고 다양한 온갖 지식과 지혜를 말해주고 있다. 그러므로 우리들은 다니엘즈가 정확히 지적한 바처럼 공적으로는 물론 사적으로도 인간사의 제반 문제들에 대한 해결책을 역사 속에서 찾고 있는 것이다.[3] 말하자면 역사는 인류가 지닌 지식과 지혜

1) 블로크(Marc Bloch), 『역사를 위한 변명』(*L'Apologie pour L'histoire, ou Metier D'historien*), 정남기 역(한길사 1981), p. 26.
2) 다니엘즈, 『역사연구: 어떻게 왜 해야 하나』, p. 22.

의 보고(寶庫)이며 원천인 셈이다. 바로 이 점이 우리들이 왜 역사를 배우고 연구해야 하는가에 대한 필요성과 효용성을 말해주고 있다. 물론 역사학은 토목공학이나 컴퓨터공학과는 다르다. 토목 기술이나 컴퓨터 기술은 실생활에 직접 사용되고 활용되는 가시적(可視的)이고 실용적인 효용성을 갖는다. 그에 비해 역사학은 토목 기술이나 컴퓨터 기술처럼 실생활에 직접 사용되는 학문은 아니다. 그러나 역사학은 그보다 더 높은 차원의 효용성을 갖는 학문이다. 역사학을 통하여 현재의 삶을 올바르게 통찰하고 미래를 살아가는 지침을 얻을 수 있기 때문이다. 요컨대 역사학은 지식과 지혜를 통하여 올바른 인생의 지침이 되는 항해자의 나침반과 같은 학문이다.

역사학이 갖는 효용성에 대하여 일찍이 로마의 석학 키케로(Marcus Tullius Cicero, 106~43 BC)는 역사는 '인생의 교사'(教師)라 말하였다. 키케로에 따르면 역사지식은 인성발달에 필수적인 요소인데, 그것은 인간이 만약 자신들이 태어나기 전의 일들을 모른다면 인간은 집단적으로 영원히 어린아이의 단계에 머물러 있을 수밖에 없을 것이기 때문이다.[4] 키케로의 말대로 우리는 역사를 통하여 인류가 축적해온 경험을 우리 자신의 지식과 지혜로 삼아 인성을 발달시킬 수 있는 것이다. 개인으로서 한 인간이 겪는 경험은 매우 제한되어 있는데 비해 역사 속에는 인류의 다양한 경험이 축적되어 있으므로, 우리는 역사 속의 지식과 지혜를 통하여 자신을 키워나가는 것이다. 참으로 역사는 개인으로서 한 인간을 성숙시키는 '인생의 교사'인 것이다.

'인생의 교사'인 역사로부터 교훈을 얻으려는 노력은 오랜 옛

---

3) 다니엘즈, 『역사연구: 어떻게 왜 해야 하나』, pp. 22~3.
4) 차하순 『역사의 본질과 인식』, p. 53.

날부터 있어 왔다. 『펠로폰네소스 전쟁사』를 서술하면서 투기디데스는 그 서술의 목적을 "이미 일어난 일들과 인간사의 속성상 언젠가 똑같게 또는 유사한 방식으로 다시 일어날 일들에 관해 명백한 진리를 얻기 원하는 자들이 나의 글을 유익하다고 판단한다면 나는 그것으로 충분할 것이다"5)라고 밝히고 있다. 투키디데스는 인간의 본성과 행위는 일반적으로 유사하므로 인간사는 역사의 진행에서 동일하거나 유사하게 반복할 수 있다고 본 것이다. 따라서 과거와 비슷한 정치적 상황에서 교훈을 찾아내어 현재의 문제에 대처할 수 있다는 것이다. 특히 역사는 국가의 흥망성쇠에 대하여 많은 교훈을 담고 있어 국가를 경영하는 지도층들이 매우 유용하다고 생각하였다. 투기데데스의 생각대로 알렉산더, 나폴레옹, 케네디, 레닌 등 역사상 중요한 인물들은 항상 역사책을 읽고 역사 속에서 교훈을 얻으려 하였다. 예컨대 레닌은 러시아 혁명을 수행하면서 프랑스 대혁명과 1848년의 혁명, 그리고 1871년 파리 코뮌에서 커다란 교훈을 얻었다.

역사에서의 교훈은 국가사(國家事) 뿐만 아니라 개인사(個人事)에서도 중요한 것으로 생각되었다. 『로마사』를 저술한 리비우스(Titus Livius, 59 BC～17 AD)는 역사란 교훈적이고 교육적이어야 한다고 강조하였다.6) 리비우스는 역사가 시민으로서 지녀야 할 도덕과 덕목을 가르치고 애국심을 고취시켜야 한다고 보았던 것이다. 동서고금을 통하여 수없이 많은 사람들이 역사 속에서 교훈을 얻어왔다. 역사 속의 인물이 어떠한 삶을 살

---

5) "그리스의 역사서술Ⅱ: 투기디데스의 『역사』", 『서양의 역사학 I 』, p. 36; 투기디데스(Thucydides), 『펠로폰네소스 전쟁사』(*The History of the Peloponnesian War*), 박광순 역(범우사 1993) 참고.

6) "로마의 역사서술 I : 리비우스의 『로마사』", 『서양의 역사학 I 』, p. 40.

았기에 후세인들에게 존경의 대상이 되었는가, 아니면 치욕의 대상으로 남아 있는가는 많은 사람들에게 인생의 귀감(龜鑑)이 되고 있다. 역사는 그것을 읽는 개개인들에게 행위의 지표를 제시하고 윤리와 도덕적 교훈을 제시하기 때문이다.7)

예로부터 역사로부터 교훈을 얻어 현재와 미래의 삶에 대한 지침으로 삼을 수 있었던 것은 역사적 사실의 일반화를 통해서이다. 역사상 수많은 사실과 사건들은 서로 별개로 독립되어 있지만, 만약 그들이 어떤 공통된 특성으로 묶일 수 있다면 우리는 그 공통된 특성으로부터 역사적 교훈을 얻을 수 있을 것이다. 예컨대 오늘날 세계인들이 제3차 세계대전의 발발을 미연에 방지하려 노력하는 것은 제1차 세계대전과 제2차 세계대전이 보여준 참혹성에서 얻은 교훈 때문일 것이다. 그렇다면 역사적 사실이나 사건들에서의 공통된 특성, 즉 역사의 일반성은 어디서 유래하는 것일까? 일찍이 투키디데스가 지적한 바와 같이 인간이 가지고 있는 보편적인 인간성에서이다. 인간은 무수히 다양한 개별자들이나 그들 사이에는 시공을 뛰어넘는 어떤 특성을 공유하고 있다. 따라서 역사상 나타났던 사상, 사건, 제도 등이 서로 별개로 존재함에도 불구하고 그들 사이에는 공통된 어떤 일반적인 경향이 존재하는 것이다. 예컨대 세계 각국에서 일어났던 민란을 살펴보면, 피지배 계층의 억압과 수탈, 지배계층에 대한 분노, 폭력을 수반한 사회적 소요, 지배계층의 진압과 보복이라는 공통된 모습을 보여주고 있다. 또 예로부터 국가간에 맺어진 조약과 협정을 살펴보면, 해당 국가들은 모두 자국의 이익을 극대화하기 위하여 모든 노력을 경주했다는 사실을 알

---

7) 이런 의미에서 베른하임은 투키디데스 유(類)의 역사를 교훈적 또는 실용적 역사로 분류하고 있다. 『사학개론』, pp. 16~9.

수 있다. 명분으로 내세우는 인도주의나 상호호혜 등의 원칙은 말뿐이었으며, 실상 약소국은 강대국의 냉혹한 국가주의에 수시로 희생된 것이다.

그런데 우리들은 역사의 교훈이 그것을 받아들이는 개인이나 사회, 또는 국가 집단에 따라 달라질 수 있다는 점도 염두에 두어야 한다. 그것은 역사의 교훈이 다양하다는 점 때문이기도 하지만, 그보다는 수용자가 처한 상황과 가치관이 크게 다를 수 있다는데 더 크게 기인하고 있다. 예컨대 제2차 세계대전 시 태평양전쟁의 시발이 되었던 일본의 진주만 기습에서 일본과 미국은 각각 어떤 교훈을 얻었을까? 일본은 선제 기습공격이 성공했음에도 불구하고 선전포고도 하기 전에 시행된 섣부른 기습공격은 혹독한 전화(戰禍)를 초래한다는 교훈을 얻었다면, 미국은 유비무환(有備無患)의 교훈을 뼈저리게 통감(痛感)하지 않았을까? 또 역사에서의 교훈은 과거를 조명하여 현재에 관하여 배운다는 것만을 뜻하지 않는다. 그와 동시에 현재를 조명하여 과거에 대하여 배운다는 의미도 내포되어 있다. 역사는 과거와 현재 사이에 맺어지는 상호관계를 통하여 과거와 현재 모두를 더욱 깊게 이해할 수 있게 해주기 때문이다.

2. 인간의 자기발견

역사를 통하여 과거를 알고 현재와 미래에 대한 전망을 얻는 지적활동은 우리들이 역사인식을 통하여 자아발견에 이르게 된다는 것을 의미한다. 콜링우드가 강조하는 바와 같이 역사연구를 통하여 우리들은 결국 인간으로서 자신의 본성을 이해하게 되는 것이다.

> 역사학이란 인간의 자기 인식을 위한 것이다. 인간이 자기를 알아야한다는 것은 인간으로서는 중요한 일이라고 일반적으로 생각되고 있다. 여기서 자기를 안다는 것은 단순한 개인적 특성, 즉 자기를 남과 구별하는 것들을 아는 것이 아니라 인간으로서의 자기의 본성을 아는 것이다. 자기를 안다는 것은, 첫째 인간이란 무엇인가를 알고, 둘째 자신이 어떤 종류의 인간인가를 알며, 셋째 다른 사람이 아닌 자기 자신은 어떤 인간인가를 아는 것이다.[8)]

역사연구를 통하여 내가 누구인가를 아는 자아발견은 곧 자기 자신에 대한 정체성(正體性)을 깨닫는 것이다. 나를 낳아준 부모로부터 거슬러 나의 조상을 알게 되고, 그들이 무엇을 했고 무엇을 남겼는가를 알게되면서 우리는 자신의 뿌리를 정확하게 인식하는 것이다. 역사를 거슬러 오르다 보면 현재 우리사회를 구성하고 있는 개개인들이 나와는 관계없는 동떨어진 존재들이 아니라, 혈연적으로나 지연적으로 그물처럼 종횡(縱橫)으로 연결된 존재들이라는 사실을 깨달을 수 있다. 이 같은 깨달음에서 우리는 서로에 대한 연대의식을 갖고 또 자신의 존재에 대한 정체성을 확인하게 되는 것이다. 따라서 만약 우리들이 역사를 전혀 알지 못한다면 우리는 모두 자신의 정체성을 파악하지 못해 어둠 속을 헤매는 집단적 기억상실증 환자들이 되고 말 것이다.[9)]

우리는 '나 자신이 누구인가' 하는 정체성의 확립으로부터 내가 무엇을 할 수 있으며, 또 내가 무엇을 해야하는가에 대한 실

8) 콜링우드, 『역사의 인식』, p. 33.
9) 다니엘즈, 『역사연구: 어떻게 왜 해야 하나』, p. 21.

마리를 얻을 수 있다. 콜링우드의 말대로 "자기를 안다는 것은 자신이 무엇을 할 수 있는가를 아는 것이다. … 인간이 무엇을 할 수 있는가를 아는 유일한 실마리는 그가 무엇을 행하였는가를 아는 것이다. 그러므로 역사학의 가치는 인간이 무엇을 행하였는가를 가르쳐 주고 그리하여 인간이란 무엇인지를 가르쳐 주는 데 있다".10) 우리는 작게는 한 가족의 일원이지만 좀 더 넓게는 한 사회의 일원이기도 하다. 한 마을, 한 지역, 한 국가의 일원으로서 우리는 과거로부터의 유산을 물려받고 있다. 우리는 자신이 물려받은 유산이 무엇이며 또 나 자신이 누구인가를 명확히 인식함으로써 스스로가 사회의 일원으로서 무엇을 할 수 있고, 또 무엇을 해야하는가에 대한 정확한 인식을 가질 수 있는 것이다.

역사인식을 통한 자신의 정체성 인식과 존재의 당위성 인식, 그리고 그를 통한 사회에서의 역할인식은 곧 개인으로서의 인생관과 가치관을 정립시키는 계기가 되는 것이다. 요컨대 역사인식을 통하여 우리들은 인간과 사회에 대하여 깊이 이해하고 인류의 집단적 경험을 성찰하여 사회구성원으로서 나 자신이 어떤 인간으로서 어떤 인생을 살아갈 것인가를 스스로 결정하게 되는 것이다.

3. 지식과 학문의 기초

이미 언급한 바와 같이 우리들 개개인의 직접 경험은 시간적

---

10) 콜링우드, 『역사의 인식』, p. 33.

으로나 공간적으로 극히 제한되어 있는 반면, 집단으로서 인류의 경험은 광대하다. 우리는 역사를 통하여 인류가 겪어온 풍부한 경험을 간접적으로 체험하고 있다. 이 같은 체험을 통하여 우리들은 역사로부터 폭넓은 지식과 지혜를 얻을 수 있다. 인간과 사회에 대한 폭넓은 지식과 지혜를 통하여 우리는 현재와 미래의 삶을 계획할 수 있다. 즉 우리는 역사가 제공하는 지식과 지혜를 통하여 우리의 삶에 교훈을 얻고 미래에 대하여 전망할 수 있는 것이다.

그런데 우리는 이처럼 삶에 대한 교훈과 전망을 가능케하는 역사를 공부하거나 연구하면서 온갖 사고력과 판단력, 상상력과 추리력, 종합적인 표현력 등을 발전시키고 있다. 시간과 공간 속에서 복잡하게 뒤얽힌 인간사를 분석하면서 정확히 사고하고 판단하여 사건의 발생 원인과 결과를 제대로 밝혀내는 일이야말로 역사학 연구의 본질인 것이다.

실제로 우리들은 단순히 역사책을 읽으면서도 역사적 상황에 대하여 많은 분석과 사고, 그리고 판단을 하게된다. 예를 들어 1919년 4월 15일 오후 2시경 경기도 수원군(지금의 화성군) 향남면(鄕南面) 제암리(堤岩里)에서 주민을 집단적으로 학살한 일제의 '제암리 학살 만행사건'에 대하여 생각해 보자. 당시 일제는 만세운동이 일어났던 제암리에 도시오(有田俊夫) 일본 육군중위가 이끄는 일단의 일본군경을 보내어 그리스도교도 약 30명을 제암리교회에 모이게 하였다. 주민들이 교회당에 모이자 일제는 출입문과 창문을 모두 잠그게 하고 집중사격을 명령하였다. 그때 한 부인이 어린 아기를 창 밖으로 내어놓으면서 아기만은 살려달라고 애원했으나, 일본군경은 그 아이마저 찔러 죽였다. 이 같은 학살을 저지른 일제는 증거인멸을 위해 교회당에 불을 질러, 아직 죽지 않은 주민들까지 모두 불에 타 죽게 만들었다. 당시 교회당 안에서 죽은 사람이 22명, 뜰에서 죽은 사람이 6명이었다. 일제는 이것으로도 부족해서 인근의 교회 건물과 민가 등 31호에 불을 질러 또다시 민간인을 학살하였다.

우리는 일제의 제암리 학살만행사건을 머릿속에 그리면서 당시의 여러 상황을 상상하고 추리하며, 또 당시의 사건을 분석하여 판단하게 된다. 왜 일제는 우리민족을 그처럼 잔학한 방법으로 탄압했을까? 그 같은 일제의 만행에 당시 우리 나라 사람들의 분노는 어떠했으며, 또 어떻게 대응했을까? 잔학한 탄압이 외부적으로 알려지지 않게 하기 위하여 일제는 어떠한 방법을 획책했을까? 제암리 사건이 일제의 식민정책과 우리의 민족해방운동에 어떤 영향을 미쳤을까?

역사연구에는 이와 같은 여러 의문을 해결하기 위하여 문학이나 물리학에서 요구하는 상상력과 추리력을 필요로 한다. 또 철학에서 요구하는 정확한 인식력과 판단력도 필요로 한다. 더 나아가서 사건이 어떻게 일어나서 어떻게 전개되었는가를 말이나 글로 표현해야 하는 종합적 사고력과 표현력을 필요로 한다. 여기서 우리는 역사연구가 모든 학문에서 필요로 하는 상상력과 추리력, 분석력과 판단력, 그리고 종합적 사고력과 표현력을 길러주는 학문이라는 것을 알 수 있다. 특히 역사학은 대학의 모든 학문분야에서 기본 교육과정으로 요구되는 분야이므로, 역사학은 다양한 전공학문에서 필요로 하는 제반 능력을 길러주는 기초학문이 되고 있다. 더 나아가서 역사학에서 필요로 하는 그 같은 지적 능력은 인간의 모든 활동에서 필요로 하는 것이다. 이런 맥락에서 우리는 인간사를 종횡으로 분석하여 종합적으로 판단하고 표현하는 역사학이야말로 모든 학문의 기초라

말할 수 있다.[11]

요즈음 '인문학의 위기'에 대한 이야기들이 여기저기서 들려온다. 역사는 문학, 철학과 함께 인문학을 대표하는 학문분야이다. 역사학을 위시한 인문학이 과연 위기에 처하였는가? 인문학이 위기에 처했다고 말하는 것은 고도의 산업화시대에 인문학이 토목기술이나 컴퓨터 기술처럼 직접 돈벌이를 위한 도구가 되지 못한다고 생각하기 때문일 것이다. 인문학이 직접적인 돈벌이의 도구가 되지 못한다는 것은 상당한 정도 사실이다. 그렇다고 인문학이 무가치한 것인가? 결코 그렇지가 않다. 역사학은 특히 우리가 세상을 어떻게 살아가야 할 것인가에 대한 지침을 제공하고 있다. 역사지식이 세상을 보는 눈을 넓히고, 합리적이고 객관적으로 세상사를 판단할 수 있는 지혜를 제공하기 때문이다. 여러분들은 돈벌이에 직결되어 '실용적'이라고 생각하는 과학과 기술이 초래할 세상을 상상해본 일이 있을 것이다. 좀 더 구체적으로 고도로 발달한 컴퓨터와 로버트, 그리고 복제된 생명체가 지배하는 세상을 상상해 보았을 것이다. 그런 세상이 어떻게 만들어질 수 있었는가? 그 같은 세상에서 우리의 삶은 과연 행복하게 될 것인가? 절대로 그렇게 되지 않을 것이다. 그렇다면 그 같은 세상이 도래하지 않기 위해서 우리는 무엇을 해야하는가? 이 물음에 대해서는 인문학, 그 가운데에서도 특히 역사학이 답할 것이다. 역사학은 우리들이 인간으로서의 정체성을 가지고 무슨 일을 어떻게 해야하는가를 알려주고 있다. 앞으로 우리는 현재와 미래를 위한 지혜의 보고 속에서 삶의 방향을 찾아야 할 것이다. 그래야만 우리 온 인류는 인간답게 살며

11) 다니엘즈, 『역사연구: 어떻게 왜 해야 하나』, pp. 26~33 참조.

서로 공존할 수 있는 미래의 밝은 세계를 전망할 수 있을 것이기 때문이다.

4. 미래에 대한 예측

역사학이 다른 학문과 구별되는 가장 두드러진 특징은 시간적 차원의 문제를 다루는 학문이라는 점이다. 역사는 시간에 대한 개념과 중요성을 인식시켜준다. 시간에 대한 인식은 과거와 현재, 그리고 미래가 서로 연결되어 있다는 것을 깨닫게 해 준다. 우리는 바로 이와 같은 시간에 대한 인식을 통하여 과거로부터 교훈을 얻고, 또 과거와 현재에 대한 인식을 바탕으로 미래를 예측할 수 있다. 그렇다면 역사가들이 미래를 예측한다는 것은 무엇을 의미하며, 어떻게 미래를 예측하고 또 그 예측은 어떠한 것인가?

첫째, 역사가들이 미래의 사건들을 예측한다는 것은 미래를 점치는 것을 의미하는 것이 아니다. 그것은 다니엘즈의 주장처럼 현재의 상황에서 계속되거나 변화할 미래의 상황을 예측하고, 미래의 문제들을 예상하려는 진지한 노력을 의미한다.[12] 미래의 문제를 예상하려 한다는 점에서 미래에 대한 예측은 역사가뿐만 아니라 모든 사람들이 일상적으로 행하는 일이라 할 수 있다. 그러나 역사가들의 미래에 대한 예측은 일반인들의 미래에 대한 예측과는 다르다. 일반적인 사람들이 행하는 미래의 예측은 주로 개인적인 일에 관련된 문제들로, 대체로 개인 자신의

12) 다니엘즈, 『역사연구: 어떻게 왜 해야하나』, p. 192.

경험을 근거로 하기 때문에 주관적인 성격이 강하다. 그에 비하여 역사가들의 미래 예측은 사회에 영향을 미칠 사건들에 관련된 문제들로, 인류가 동서고금을 통하여 집단적으로 경험한 사실들을 근거로 하기 때문에 객관적인 성격이 강하다.

둘째, 미래에 대한 예측이 인류사회의 집단적 경험에 근거한다는 것은 곧 역사적 사실의 일반화에 근거한다는 것을 의미한다. 이미 언급한 바와 같이 우리는 역사적 사실의 일반화를 통하여 역사로부터 교훈을 얻고 현재와 미래의 삶에 대한 지침을 얻을 수 있다. 그런데 역사적 사실의 일반화가 가능한 것은 개별적인 역사적 사건 속에 보편적인 인간성이 내재되어 있기 때문이다. 역사가는 역사적 사건 속에 내재된 이 같은 보편성과 일반성을 통하여 역사적 사건을 일반화한다. 역사가는 바로 그 같은 일반화를 통하여 현재의 사건들이 앞으로 어떻게 진행되거나 변화할 것인가를 예측할 수 있는 것이다. 또 그를 통하여 앞으로 우리들이 어떻게 행동해야할 것인가에 대해 일반적인 지침들도 제시할 수 있는 것이다.

셋째, 역사를 통한 미래의 예측은 타당하고도 쓸모 있는 것들이기는 하나, 구체적인 사건들을 예측하거나 예측할 수 있는 것은 아니다. 카의 말대로 구체적인 것이란 각각 하나밖에 없는 독특한 것이기 때문이고, 따라서 거기에는 우연이란 요소가 끼여들기 때문이다.[13] 예컨대 어떤 학교에서 두세 명의 아이들이 홍역에 걸리면 여러분은 홍역이 다른 아이들에게도 퍼져나갈 것이라고 예측할 것이다. 바로 그 같은 예측은 과거의 경험에서 이끌어낸 일반화에 바탕을 두고 있는 것으로, 앞으로 어떤 행동

13) 카, 『역사란 무엇인가』, p. 103. 역사에서의 '우연'에 대한 정의는 본문 제9장의 설명을 참고할 것.

을 취해야 하는가를 알려주는 타당하고 유익한 지침이 되는 것이다. 그러나 여러분은 구체적으로 갑돌이나 갑순이 누가 홍역에 걸릴 것이라고 예측할 수는 없다. 역사가도 마찬가지다. 예를 들어 2000년 10월 현재 이스라엘과 팔레스타인 사이의 대립 양상은 과거 여러 차례 중동전쟁이 발발할 때의 양상과 비슷하다. 그러나 역사가는 이 비슷한 양상을 보고 반드시 중동전쟁이 다시 일어날 것이라고 예측하지는 않는다. 10월 16일 이집트에서 열리는 이스라엘과 팔레스타인 사이의 협상이 깨어지고, 이스라엘과 팔레스타인 사이의 무력 충돌이 더욱 거세어지면 머지않아 전쟁으로 비화할 가능성이 크다는 점만을 예상할 수 있을 뿐이다. 그리고 그렇게 되면 전쟁은 어떻게 진행될 것이고, 특히 국제 원유가격의 급등으로 인하여 세계경제가 어떻게 타격을 받을 것인가를 예측할 수 있는 것이다. 물론 이 같은 예측은 몇 가지 전제조건들이 사실로 나타날 때 실현될 수 있는 것이지만, 그것은 세상이 어떻게 돌아가는가를 이해하는 열쇠가 되는 것이다.

이상에서 우리는 역사를 통하여 현재와 미래에 대한 삶의 교훈을 얻고, 자아가 누구인지를 발견하여 미래에 대한 스스로의 좌표를 마련할 수 있다는 것을 깨달았다. 또 역사가 말해주는 무궁한 지식과 지혜를 통하여 미래를 예측할 수도 있다는 것을 알았다. 이처럼 역사는 인간이 지혜롭게 미래지향적인 삶을 살 수 있게 해주는 실용적인 학문이다. 물론 역사가 컴퓨터 공학이나 토목공학과 같은 성격의 실용학문은 아니다. 그러나 역사는 그 같은 응용과학적 실용학문과는 차원을 달리하는 인생의 길잡이로서의 실용학문이다.

제3장
:
역사적 사실

역사가는 과거의 사실이 어떻게 일어났으며, 그 원인은 무엇이고 또 그 결과는 어떻게 되었는가를 연구한다. 따라서 역사가가 과거의 연구에 사용한 '역사적 사실'은 의미 있고 중요한 사건으로 생각된다. 그렇다면 그 같은 역사적 사실의 본질은 무엇인가? 역사적 사실은 개별적이고 고유한 것인가, 또는 보편성을 지니는 것인가? 또 사실 자체가 객관적으로 중요성을 갖는가 아니면 역사가의 선택에 의해서 중요성을 갖게 되는가?

1. 역사적 사실의 개념과 성격

역사가는 과거의 자료를 가지고 언제 어디서 어떤 일이 일어났으며, 그 원인은 무엇인가를 탐구한다. 달리 말하면 과거의 사실들을 통하여 역사를 연구한다. 여기서 우리는 과거의 사실들이 역사해석의 토대가 된다는 것을 알 수 있다. 역사가가 역사연구를 위하여 사용하는 과거의 사실들, 즉 역사해석의 기초가 되는 과거의 사실들을 우리는 카의 말대로 '역사적 사실'이라 말할 수 있다.[1] 달리 말하면 역사가가 역사연구에 중요하다고 생각하여 과거의 단순사실들 가운데 가려 뽑아 역사연구의 기초로 사용하는 과거의 사실들을 우리들은 역사적 사실이라고 말할 수 있다. 그렇다면 그 같은 역사적 사실은 어떻게 결정되며 어떤 성격을 갖는 것인가에 대하여 좀 더 구체적으로 살펴보자.

과거에 일어난 일들은 무수히 많다. 2001년 1월 20일에 일어난 일들을 예로 들어보자. 이날 뇌물 수수혐의로 퇴진 압력을 받아오던 필리핀의 에스트라다(Joseph Estrada, 63세) 대통령이 '피플 파워'에 굴복하여 사임하고, 반 에스트라다 운동을 이끌어온 아로요(Gloria Macapagal Arroyo, 53세) 부통령이 신임 대통령으로 취임하였다. 또 미국에서는 미국 시각으로 정오에 부시(George W. Bush, 54세) 대통령 당선자가 미국 제43대 대통령으로 취임하였다. 우리나라에서는 김대중 대통령이 '2월까지 철도구조개혁법을 마련하여 금년에 철도 민영화가 반드시 이루어지도록 하라'고 철도청에 지시하였다. 또 '선수협의회' 결성 문제로 사장단과 갈등을 보이던 프로야구 문제가 문화관광부 장관의 중재로 34일만에 타결되었다. 이날 필자는 오후 2시에 설에 고향에 갈 기차표를 인터넷을 통하여 예약하였다. 오후 3시에서 5시까지 박물관에서 전시되고 있는 '러시아, 천년의 삶과 예술'을 가족들과 관람하였다. 이런 식으로 넓게는 국제적으로나 국내적으로, 그리고 좁게는 필자의 가족이나 필자 자신에 이르기까지 수없이 많은 일이 일어났다. 시대를 훨씬 더 거슬러 올라가도 마찬가지다. 프랑스 대혁명이 시작될 때를 살펴보면, 1789년 6월17일 국민회의 선포, 6월 20일 테니스코트의 서약, 6월 27일 국왕의 귀족과 성직자 대표의 국민회의 합류 지시, 7월

1) 카, 『역사란 무엇인가』, p. 12.

14일 민중의 바스티유 감옥의 습격 등 수많은 사건들을 열거할 수 있다. 그 같은 사건들은 현재 우리의 감각을 떠나 과거세계에 묻힌, 과거에 일어났던 사실들이 분명하다. 그러면 그 같은 과거의 사실들이 모두 역사적 사실인가?

과거에 일어났던 수많은 사실들은 단순사실에 불과하다. 역사가는 과거의 단순사실들 가운데 역사적으로 의미 있다고 생각하는 사실들을 가려내어 역사에서 무엇이 일어났는가를 설명한다. 제1장에서 이미 논의한 바처럼 역사가는 인간의 집단적인 사회에 영향을 미친 사실이나 사건을 역사서술의 대상으로 삼는다. 그러므로 새로운 대통령의 취임이나 '철도구조개혁법' 마련 같은 사회에 영향을 미치는 중요한 사실들이 아닌, 어느 특정 개인이 설에 고향에 갈 기차표를 예매했다던가 또는 가족과 함께 박물관에 갔다던가 하는 사실들은 역사가의 흥미를 끌지 못할 것이다. 그러므로 그 같은 개인적인 일들은 역사적 사실이 될 수 없는 것이다. 그렇지만 그 같은 개인적인 일들이 어느 특정인의 자서전이나 회고록의 재료는 될 수 있다. 그리고 그 회고록에 기록된 개인적인 일들이 몇 백년 후 역사가가 2001년의 시민들의 문화생활을 연구하기 위하여 '가족과 함께 박물관에 갔던 일'을 역사서술의 사례로 사용한다면, 그리고 그 같은 사례가 미래의 많은 역사가들에 의해 과거의 문화생활 연구를 위한 의미 있고 중요한 사례로 인정된다면, 그 때는 어느 특정한 개인이 가족과 함께 박물관에 갔던 일도 역사적 사실이 될 수 있을 것이다.

개인적인 일들을 제외하고 사회에 영향을 미칠 수 있는 단순사실 역시 수없이 많다. 그러면 역사가는 어떻게 그 많은 단순사실들 가운데에서 역사적 사실을 가려내는가? 그리고 그렇게 역사가가 가려 뽑은 역사적 사실은 역사가의 주관적 판단에 의한 것인가, 아니면 순수한 주관을 넘어서는 객관성을 갖는 것인가? 역사적 사실의 객관성 문제는 3절에서 다루고, 우선 역사적 사실이 어떻게 결정되는가를 살펴보자. 수많은 단순 사실에서 역사적 사실이 어떻게 결정되는가에 대하여 카는 다음과 같이 설명하고 있다.

> 사람들은 종종 사실은 스스로 말한다고 일컫곤 합니다. 하지만 당연하게도 이 말은 진실이 아닙니다. 사실들은 역사가가 그것들을 불러 낼 때만 말을 합니다. 어떤 사실들에게 발언권을 줄 것인가, 그리고 그 사실들이 어떤 순서로 또는 어떤 맥락에서 말을 하도록 만들 것인가를 결정하는 것은 바로 역사가입니다. … 1066년에 헤이스팅스에서 전투가 벌어졌다는 사실을 알고자 하는 데 우리가 관심을 쏟는 이유는 단 하나 역사가들이 그것을 중요한 역사적 사건으로 본다는 점에 있을 뿐입니다. 케사르가 루비콘이라는 이름의 자그마한 강을 건넜다는 사건은, 바로 역사가가 앞서 자기 나름의 이유들 때문에 그것을 역사적 사건으로 삼고자 마음먹었던 덕분에 **역사적 사실**이 되어 있는 것입니다.[2](고딕체: 저자)

카의 말대로 수많은 과거의 사실들 가운데 역사가에 의하여 불러내져 발언권이 주어졌을 때 그것이 '**역사적 사실**'로 결정되는 것이다. 만델보옴의 표현에 따르면 "거시적인 역사과정의 양상 속에서 구체적인 사실이 선택되었을 때"[3] 역사적 사실이 결정되는 것이다. 그렇다면 역사가는 과거의 사실들 가운데 어느

---

2) 카, 『역사란 무엇인가』, p. 14.

3) 만델보옴(M. Mandelbaum), 『역사지식의 해부』(*The Anatomy of Historical Knowledge*), 임희완 역(집문당 1987), p. 124.

것을 구체적인 역사적 사실로 선택하는가? 물론 역사가가 자신이 연구하는 문제에서 중요하다고 생각하는 것들이다. 그때 역사가는 자신이 선택할 과거 사건의 중요성의 정도를 판단하기 위하여 그것을 기존의 연구나 다른 사건들과의 관계 속에서 검토하게 된다.

그런데 그렇게 선택된 역사적 사실은 역사가들 사이에 일치하지 않을 수도 있다. 말하자면 어느 특정한 역사가는 다른 역사가가 중요하다고 생각지 않았던 과거의 사실을 제시할 수도 있다. 이 경우 역사가가 새롭게 제시한 과거의 사실이 곧 역사적 사실로 인정되는 것일까? 이 문제에 대하여 카는 다음과 같이 적절히 답하고 있다. 카에 의하면 어느 한 역사가에 의해서 처음 제시된 과거의 사실은 "역사적 사실들을 회원으로 하는, 들어가기가 까다로운 클럽에 새로운 회원으로 추천되어 있는 위치"[4]에 불과하다. 추천되어 있는 과거의 사실이 또 다른 많은 역사가들에 의해서 중요성이 인정될 때, 그 과거의 사실은 비로소 역사적 사실로 인정되는 것이다. 이렇게 인정된 역사적 사실들을 우리들은 교과서나 역사책을 통하여 알고 있는 것이다.

요컨대 역사적 사실은 수많은 과거의 단순사실 가운데에서 역사연구와 서술에 중요하다고 생각되어 역사가에 의하여 선택된 과거의 사실들을 의미한다. 그리고 그처럼 선택된 과거의 사실들은 많은 역사가들에 의하여 중요성이 인정되어 역사적 사실로 자리잡은 것이다.

---

4) 카, 『역사란 무엇인가』, p. 16.

2. 역사적 사실의 특수성과 보편성

역사적 사실이 특수성을 갖는다는 것은 그것이 다른 것과 구별되는 개별성과 고유성, 그리고 일회성을 갖는다는 것을 말한다. 따라서 역사의 특수성을 주장하는 사람들은 특정한 역사적 사건이나 인물, 제도, 국가, 문화 등이 모두 각각 다른 것과 구별되는 독특성과 일회성을 갖는다고 생각한다.

역사연구와 서술은 고대부터 개별적인 인물이나 사건들을 중심으로 이루어지기 시작하였다. 고대의 철학자 헤라클리토스(Heraclitos, B.C. 549～475경)에 의하면 만물은 항상 유전(流轉)하는 것이므로, 역사 역시 되풀이 될 수 없는 것이었다. 근대의 프랑스 철학자 데카르트(Rene Descartes, 1596～1650)도 수학은 변치 않는 과학적 진리를 다루는 학문이나 역사는 과학적 진리가 아닌 끊임없이 변화하는 것을 다룬다고 보았다.[5] 역사가 변화하는 세상 속에서 반복되지 않는, 개별적이고 특수한 사실을 다룬다는 생각이 19세기에는 하나의 학문적 이론과 방법론으로 정립되기도 하였다. 그리하여 역사적 사건의 개체성과 일회성, 그리고 고유성 등의 특수성을 강조하는 '역사주의'[6]가 나타났던 것이다.

그에 비하여 역사적 사실이 보편성을 갖는다는 것은 역사상 어느 사건이든 그 사건이 일어난 사회적 환경 속에 놓여 있으므로, 어느 특정한 사건은 그 사회환경의 일반적인 경향성을 갖는다는 것을 의미한다. 그러므로 역사의 보편성을 주장하는 사람

5) 데카르트(R. Descartes), 『방법서설』(*Discours de la Methode*), 이현복 역(문예출판사 1997), pp. 150～55.
6) 역사주의에 대한 자세한 사항은 제12장 참고.

들은 역사적 사건은 개별적인 특수성을 뛰어넘는 일종의 법칙과도 같은 보편성을 갖는다고 생각한다.

역사연구와 서술은 보편성을 지향해야한다는 주장도 오랜 옛날부터 제기되어 왔다. 고대의 실체론부터 18세기의 계몽사상과 19세기의 실증주의에 이르기까지 역사는 개별현상을 뛰어넘는 일반적이고 보편적인 현상을 추구하는 것이라고 주장되어 왔다.

그렇다면 역사적 사실들은 각각 독립된 개별적이고 특수한 사건들인가 혹은 보편적인 성격을 갖는 사건들인가? 역사적 사건이 두 가지 성격을 동시에 지닌다면 어떤 측면에서 그렇게 규정할 수 있는가?

역사의 보편성을 주장하는 학자들은 역사학 역시 자연과학적 방법에 따라 인과적인 귀납법으로 일반법칙을 추구해야 한다고 말한다. 그러나 자연과학에서의 일반법칙의 추구와 역사에서의 일반화 사이에는 근본적인 차이가 있다. 주지하다시피 자연과학자는 지속적으로 반복되는 현상을 연구한다. 그런데 자연과학에서는 현상들 사이의 공통성이 해명되고 나면, 사실 그 자체나 사실의 독자성, 또는 공간과 시간상에서의 사실의 위상은 아무런 관심의 대상이 되지 못한다. 사실은 결론이 나지 않고 법칙이 확인되지 않은 상태에서만 독자적으로 의미가 있을 뿐, 법칙이 확인되고 나면 그 사실은 다른 수많은 사실들과 함께 과학자의 시야에서 사라져 버린다. 말하자면 자연과학에서의 사실들은 무시간성(無時間性)에 놓이게 되는 것이다. 예컨대 밤하늘을 수놓으며 떨어지는 유성들에 대해 우리는 인력의 법칙이 밝혀진 지금 그 개별적인 현상에는 아무도 주목하지 않는다. 여러분은 누구도 어제 밤에 떨어진 유성과 오늘 밤에 떨어진 유성과는 어떤 차이가 있는가를 생각하지 않는다. 오직 인력의 법칙에 의하여 유성이 지구의 대기권 안으로 끌려 들어와 공기와 충돌하여 빛을 냈다는 일반적인 사실만을 생각할 것이다.

그에 비하여 역사적 사실들은 자연과학에서의 현상처럼 다시 재현되지 않는다. 역사가들이 연구하는 사실들은 각각 특정한 시기와 장소에서 일회적으로 발생한 사건들이다. 이런 점에서 역사적 사건은 독자적이고 일회적이며 각각의 고유한 특수성을 갖는다. 그렇기는 하나 역사에서 다루는 사실들은 밤하늘에 떨어지는 유성들처럼 그들 사이에 서로 관련이 없는 개별자적인 현상은 아니다. 오히려 역사적 사건들 사이에는 시간의 흐름에 따라 전후로 이어져 인과관계로 연결되어 있다. 또 역사적 사건들에는 자연과학에서의 사건들과는 달리 인간의 정신이 내재되어 있다. 이런 점에서 역사적 사건들 사이에는 보편성을 갖는다. 역사에서 개별적인 사건이란 그 자체가 당대의 여러 다른 사건들과 긴밀히 연관되어 있는 역사적으로 형성된 존재인 것이다. 달리 말하면 각각의 역사 현상은 개별적이고 일회적인 것이기는 하나, 이미 그 발생에서 다른 역사적 사건들과 시대적 보편성을 공유하는 존재로 생성된 것이다. 요컨대 역사적 사실들은 개별적이고 일회적인 특수성과 더불어 보편성도 아울러 지니고 있는 것이다. 예컨대 프랑스 혁명과 러시아 혁명은 서로 다른 별개의 혁명으로, 그 혁명이 일어난 시기와 장소가 다를 뿐만 아니라 그 전개과정도 상이하다. 그러나 두 사건은 모두 혁명이라는 이름이 시사하듯이 기존의 사회제도를 급격히 변화시키고 새로운 제도를 창출한 공통점을 갖고 있다. 즉, 두 사건은 서로 독립되고 개별적인 사건이라는 특수성과 더불어 혁명이라는 보편성을 동시에 지니고 있는 것이다.

이상에서 살펴본 바와 같이 역사적 사실은 독자적이고 일회적인 사건이라는 점에서 개별적이고 특수한 성격을 갖는다. 동시에 역사적 사실은 해당 시대의 사회적 관계와 더 나아가서 역사생활의 한 단면을 보여주는 보편성도 아울러 지니고 있다. 그러므로 역사적 사실은 그것과 연관되어 있는 전후 관계 속에서 분석되어야만 그 의미가 정확히 파악될 수 있다. 역사적 사실을 하나의 독립된 개별적이고 특수한 존재로만 생각한다면 그것은 그 사건이 발생한 배경을 무시하는 것으로, 결국은 그 사건의 의미를 제대로 인식할 수 없게 될 것이다. 우리들이 역사적 사실들을 이해할 수 있는 것은 그들이 비록 특정한 시간과 장소에서 특정한 행위자들에 의해서 일어나는 특수성을 지니고 있지만, 사회적·역사적 현상으로서 일반적인 보편성도 아울러 지니고 있기 때문이다.

역사가 중요하고 의미 있는 것으로 인식되고 또 지속적으로 새롭게 연구·서술되고 있는 것은 역사적 사실이 특수성과 보편성을 아울러 지니고 있기 때문이다. 우리는 개별적이고 독립적으로 일어나는 역사적 사건들의 연구를 통하여 그 사건이 지닌 보편성까지 인식하게 된다. 이 같은 과정을 통하여 우리는 앞서 논의한 바와 같이 과거로부터 교훈을 얻고 미래에 대해 예측할 수 있는 것이다. 그러므로 역사적 사건은 당시대 뿐만 아니라 후세에도 중요한 의미를 지닌다. 예를 들어 기원전 133~123년 사이 로마에서 시도되었던 그락쿠스(Gracchus) 형제의 개혁에 대하여 생각해 보자. 그락쿠스 형제의 개혁은 로마 공화정 말기 로마 시민들의 사회경제적 불만이 고조되었을 때 그것을 해결하기 위하여 시도되었던 일종의 사회개혁이었다. 그러나 빈민들에 대한 토지분배를 반대하던 귀족들의 저항에 부딪쳐 개혁은 실패로 돌아가게 되고, 더욱 고조된 사회경제적 불만은 내란으로 이어져 결국 로마 공화정이 붕괴되었다. 그락쿠스 형제의 개혁은 역사상 단 한번 로마 공화정 말기에 나타났던 사건이라는 점에서 특수성을 갖는다. 동시에 그락쿠스 형제의 개혁은 사회개혁이 시도되었으나 실패하였을 때 그 사회가 어떻게 되는가를 전형적으로 보여주는 역사의 보편성도 지니고 있다. 즉, 우리들은 그락쿠스 형제의 개혁을 통해 기득권자들이 너무 욕심을 부리면 사회개혁이 성공할 수 없으며, 사회개혁이 시도되고 성공하지 못하면 그 사회는 더욱 혼란과 어려움에 빠지게 된다는 생생한 교훈을 얻을 수 있다.

3. 역사적 사실의 객관성과 주관성

그러면 역사가들이 역사연구를 위하여 사용하는 역사적 사실들은 객관성을 갖는 것인가, 아니면 역사가의 선택에 의한 주관성을 갖는 것인가? 역사적 사실이 어떤 성격을 갖는가에 대하여는 오래 전부터 두 가지 견해가 대립되어 왔다. 하나는 역사적 사실은 실제로 존재했던 것이므로 사실이 객관적으로 구성될 수 있다는 견해이고, 다른 하나는 역사적 사실은 역사가에 의해서 구성되므로 그것은 결코 사실 그 자체는 아니라는 견해이다.

서술된 역사가 역사 그 자체와는 부합되지 않는다는 주장은 일찍이 17세기 데카르트에 의하여 제기되었다. 역사의 객관성에 대한 데카르트의 심각한 문제제기는 그 후 객관적인 역사서술을 위한 역사가들의 노력에 큰 자극이 되었다. 역사가의 편견을 배제하고 객관적인 역사를 서술하려는 노력은 19세기 랑케에 의해서 절정에 달하였다. 랑케는 '그것은 과연 어떠했던가' 만을 밝히는 것을 지상과제로 삼아, '오직 역사적 사실들로 하여금 스스로 이야기하게 해야 한다'고 주장하였다. 모든 시대는 신에게 직접 연결되어 있기 때문에 각 시대의 가치가 그 고유한 자체 속에 내재되어 있어, 역사가는 그것을 찾아내기만 하면 되기 때문이다. 따라서 랑케에 의하면 '일어난 사실'은 어느 누구도 건드릴 수 없는 성스러운 영역이다. 만약 역사가가 사실 자체를 왜곡하거나 잘못된 해석을 첨가하는 것은 신(神)을 모독하는 것이다.[7] 요컨대 랑케에 의하면 역사가는 역사를 서술할 때 그 자신이 지니고 있는 일체의 선입관, 편견, 가치판단 등 모든 주관적인 판단과 감정을 배제해야한다는 것이다.

랑케와 랑케의 지지자들에게는 개별사건들은 이미 객관적인 사실로, 역사적 사실은 실재성이 있는 것이다. 역사적 사실의 객관적 존재를 믿는 역사가들은 액튼처럼 완벽한 자료를 가지고 역사를 쓰려고 노력하였다. 이들에게 완벽한 자료는 궁극적으로 완성된 역사를 가능케 하는 것이었다. 그렇지만 완벽하지 못한 자료를 가지고는 결코 쓰려하지 않았던 이들 역사가들에게 당면했던 문제는 자료가 언제나 완벽하지 못했다는 점이다. 확실한 사실들을 산처럼 쌓아 가는 것이 역사의 바탕이 되고, 또 그런 사실들이 스스로 말을 하기 때문에 사실들은 아무리 많아도 넘치지 않는다는 믿음이 항상 자료의 부족을 가져왔던 것이다. 그것은 마치 우표수집가가 발행된 우표를 아무리 모아도 곧 다시 나타나는 새로운 우표 때문에 끝내 완벽한 우표수집에 도달할 수 없는 것과 마찬가지였다.

---

7) 차하순, "랑케의 방법과 이론", 『현대의 역사사상』, pp. 22~48.

그에 대하여 드로이젠(Johann Gustav Droysen, 1808~84)은 역사적 사실의 객관성을 인정하지 않았다. 그에 의하면 과거의 사건들은 이미 지나가 버리고 현재 존재하지 않으므로 결코 일어났던 대로 재구성될 수 없다. 드로이젠에게 역사적 사실은 오직 '파악된 사실'일 뿐이었다. 그 후 사실을 중시하던 랑케 사학에 대한 대대적인 반격이 이루어졌다. 딜타이(Wilhelm Dilthey, 1833~1911), 크로체(Benedetto Croce, 1866~1952), 콜링우드 등은 역사가 자연과학적인 실증주의에 의해서 연구되는 것을 거부하였다. 이들은 사실에 의해서 정신이 움직이는 것이 아니라, 오히려 정신에 의하여 사실이 해석된다고 주장하였다. 베커나 카도 이들의 노선에 따르고 있다. 특히 베커는 역사적 사실은 인식주체의 현재의 주관성에 의존한다는 점을 강조하여, 역사적 사실이란 역사가가 창조하기까지는 존재하지 않는다고 주장하였다.[8] 카에게 역사적 사실은 역사가가 그가 사용하는 원료인 수많은 사실들 가운데 가려 뽑은 것으로, 배러클로우(Geoffrey Barraclough)의 말을 빌리면 "널리 받아들여지는 일련의 판단들"[9]인 것이다. 물론 어떤 사실들에게 발언권을 줄 것인가, 그리고 그 사실들이 어떤 순서로 또는 어떤 맥락에서 말을 하도록 만들 것인가를 결정하는 것은 역사가이다. 따라서 어느 사건이 역사적 사실의 지위에 오르느냐 마느냐는 그를 취급하는 역사가의 해석에 달려있는 것이다. 이런 의미에서 역사적 사실이 순수하게 객관적일 수는 없다. 그렇다고 역사가 주관적이

---

8) 차하순, 『역사의 본질과 인식』, p. 35.

9) 배러클로우(G. Barraclough), 『현대역사학의 추세와 방법론』(*Main Trends of Research in the Social and Human Sciences*), 이연규 역(풀빛 1983), p. 22.

라는 것은 아니다. 카는 역사적 사실과 해석 사이의 객관성, 곧 과거와 현재와 미래 사이에 맺어지는 관계의 객관성을 강조하고 있다.10)

그런가 하면 최근에는 역사적 사실이 갖는 이중적인 의미를 인정하는 학자들도 등장하였다. 샤프(A. Schaff)와 볼하겐(P. Bollhagen) 등은 사실의 실재성을 인정하면서도 그것의 재구성 가능성도 강조하고 있다. 이들에게 역사적 사실은 역사적 인식에 관계없이 객관적 성격을 갖고 있는 것으로, 인식의 차이에 따라 구별되는 것이 아니다. 그럼에도 이들은 역사적 사실이 인식주체에 의해서 재구성된다는 점을 인정하고 있다. 그러면 어떻게 객관적 사실이 인식주체에 의해서 주관적으로 재구성될 수 있는가? 그것은 인식주체인 역사가가 그 시대의 산물이고 역사 속에서 형성된 존재이기 때문에 그의 의식은 단순히 자의적인 것이 아니라 시대적이고 역사적인 것이란 점 때문에 가능한 것이다. 또 인식대상으로서의 사건은 수많은 다른 사건들과의 복합성과 연속성 속에 존재하는 것이므로 그것은 역사가의 자의에 의해서 파악될 수 없으며, 오히려 그것이 속해 있는 일정한 연관 속에서 파악되기 때문이다.11)

이상에서 살펴본 바와 같이 역사적 사실을 객관적 존재로 신봉하는 역사가들은 주관이 배제된 완성된 역사가 가능하다고 생각하여 완벽한 사료수집을 위해 노력하였다. 그러나 그들은 그들이 수집한 역사적 사실들에 이미 주관이 개재되어 있다는 점을 간과하였다. 예컨대 서한(書翰), 일기뿐만 아니라 지대대장(地代臺帳)이나 심지어는 정부간행물까지도 객관적인 사실

10) 카, 『역사란 무엇인가』, pp. 183~84.
11) 샤프(A. Schaff), 『역사와 진실』(*History and Truth*), 김택현 역(청사 1982), p. 223; 이상신, 『역사학 개론』, pp. 253~57.

자체를 나타내는 것이 아니라, 그 문서를 작성했던 사람의 생각이 반영되어 있는 것이다.

그에 비하여 역사적 사실의 주관성을 주장하는 역사가들은 역사가 사실의 수집이 아니라 해석임을 지적하고 있다. 그러나 '역사적 사실이란 어떤 역사가에게나 그가 그것을 만들어내기까지는 존재하지 않는다'는 베커의 주장을 글자 그대로 받아들인다면 역사는 극단적인 인식론적 상대성에서 벗어날 수 없을 것이다.

절충주의자들은 역사적 사실이 단순히 연구자의 주관이 아니라 사건이 속해 있던 객관성이 함께 작용한다고 보고 있다. 따라서 인식의 상대성만을 강조하여 역사적 사실을 허구적인 것으로 이해하려는 극단적인 주관주의자들의 태도를 극복했다고 볼 수 있다. 그러나 이들도 객관적 존재라는 역사적 사실이 역사가에 의하여 주관적으로 재구성된다는 사실은 부인하지 못하고 있다.

여기서 우리는 드레이가 지적하는 바 "무엇이 역사를 객관적으로 만드는가? 달리 말하면 우리가 역사가에서 어떤 종류의 객관성을 기대할 수 있는가?"[12]를 생각해야 할 것이다. 이 같은 물음에 대해서 우리는 '역사에서의 객관성이란 역사적 사실의 객관성이라기 보다는 역사적 사실과 해석 사이의 객관성을 의미해야 한다'는 카의 견해가 적절한 답이 될 수 있을 것이라 생각한다.

어쨌든 역사적 사실은 과거에 일어난 사실 그 자체가 아니라 역사가에 의해서 재구성된, 순수하게 객관적일 수는 없는 것이

---

12) 드레이(William H. Dray), 『역사철학』(*Philosophy of History*), 황문수 역 (문예출판사 1990), p. 83.

다. 그렇지만 역사적 사실이 주관적이라고 말할 수도 없다. 역사가 자신이 사회와 시대의 산물이기 때문에 역사가의 주관성이 순수히 개인적이고 주관적일 수만은 없기 때문이다. 또 역사적 사실이 전후의 사건들과 서로 연관관계를 맺고 있기 때문에 역사가가 순수하게 주관적으로 역사적 사실을 창조할 수도 없기 때문이다. 따라서 우리는 역사적 사실이 객관적이냐 주관적이냐 보다는 그것이 과거 사실 자체와 얼마나 부합(符合)하는가에 판단의 기준을 두어야 할 것이다.

제4장
:
사관(史觀)의 본질과 유형

1. 사관의 의미와 성격

사관(역사관)이란 전문적인 역사가들이 역사를 전체적으로 조망하는 하나의 사고체계를 말한다. 그러므로 일정한 사관 하에서 역사를 고찰하는 것은 모든 사건과 시대, 그리고 모든 민족과 문화를 통일적인 사고체계 속에서 이해하고 분석하는 것이다. 이 같은 역사관이 갖는 성격과 특징은 다음과 같이 정리할 수 있다.

첫째, 역사관은 역사가가 역사를 일관성 있게 바라보는 독자적이며 독특한 지적 직관으로, 역사가가 역사를 판단하는 기준이 된다. 예를 들면 자유주의 역사관을 가진 역사가는 역사를 일관하는 자유의 전개과정을 높이 평가하여 역사의 주요 내용으로 서술할 것이며, 유물사관(唯物史觀)의 역사가는 인간생활의 물질적 토대가 되는 경제생활을 높이 평가하여 역사의 주요 내용으로 서술할 것이다.

둘째, 역사관은 통일적이고 종합적이며 통시대적인 사고체계이다. 역사관은 역사사건을 판단하는 하나의 관점이다. 이 점에서 역사관은 우리가 일반 사물을 관찰하는 관점과 비슷하다고 볼 수 있다. 그러나 개별 사물을 판단하는 기준은 사물마다 다르고 또 시간과 공간에 따라 달라질 수 있는 반면, 역사관은 훨씬 통일적이고 종합적이며 통시대적인 사고체계이다. 예컨대 예술작품을 판단하는 기준은 시대에 따라 달라질 수 있으나, 유물사관은 동서고금(東西古今)의 인류역사 전체를 생산력과 생산관계의 변증법적 전개라는 일관된 관점을 통하여 파악하고 있다. 또 그 같은 유물사관의 관점은 1900년대나 2000년 오늘이나 동일하며, 앞으로도 마찬가지일 것이다. 역사관은 역사적 사건을 판단하는 사고의 틀로서 인적, 물적, 자연적 힘들의 복합적인 작용과 영향, 그리고 전후 사건들과의 연관관계를 통일적으로 파악하는 과정 속에서 형성된다. 그러므로 그 같은 사고의 틀은 특정 사건이나 특정 민족, 그리고 특정 문화에 대해서는 물론 모든 시대와 모든 문화권에 대해 일관성 있게 적용되는 하나의 관점을 갖는다.

셋째, 역사관은 역사진행에 대한 특정한 관념 속에서 형성된다. 역사는 불변의 진리를 추구하는 학문이 아니라 항상 변화하는 것을 대상으로 하는 학문이다. 따라서 역사관은 역사진행에 대한 특정한 관념 즉, 역사가 '어떻게 변화하는가'를 제시하고 있다. 즉, 역사가는 역사가 어떻게 연속적으로 진행되는가에 대해 인식할 수 있어야만 지금 진행되고 있는 현재를 포함하여 역사 전체를 파악할 수 있는 역사관을 세울 수 있는 것이다. 예컨대 기독교의 신학적 역사관은 최후의 심판을 향해 역사가 직선적으로 이행하는 것으로 보고 있는 반면, 나선형적 역사관은 역사가 나선상으로 순환과 동시에 상승하면서 끝없이 진행한다고 보고 있다.

넷째, 사관이 확고히 정립되어 있는 역사가는 전체 역사의 흐름 속에서 개별사의 움직임을 정확히 파악할 수 있다. 달리 말하면 이 경우 역사가는 구체적인 사건 속에서 거대한 역사 진행의 의미를 이해할 수 있는 것이다. 즉, 특수사에서 일반 역사의 흐름을, 그리고 민족사에서 세계사의 흐름을 파악하게 되는 것이다. 동시에 이 때 역사가는 구체적인 사건에 대한 해석을 자의적으로 할 수 없게 되는 것이다. 왜냐하면 역사를 전체적인 관계 속에서 통일적으로 이해한다는 것은 역사가 자신을 연구 대상인 역사의 전체적인 구조 속에 속박시키는 것이기도 하기 때문이다. 그러나 만약 역사연구가 어떤 특정한 역사관에 따라 이루어지지 못하면, 그 연구가 비록 상세하고 치밀한 분석을 보여주기는 하나 역사진행에 대한 전체적인 관계 속에서 그 사건의 의미를 정확하게 규명하지 못할 수도 있는 것이다.

다섯째, 역사관 속에는 역사진행의 방향과 원동력, 그리고 역사발전에 대한 보편적 법칙 등을 내포한다. 역사 전체의 흐름 속에서 개별사를 파악할 수 있다는 것은 세계사의 흐름을 통일적으로 파악할 수 있다는 것을 의미한다. 여기서 우리는 진정한 의미의 역사관은 인류역사 전체의 흐름을 통일적으로 이해하고 설명할 수 있을 때 비로소 성립될 수 있다는 것을 알 수 있다. 인류역사 전체의 흐름을 통일적으로 파악할 수 있기 위해서는 역사의 진행방향과 원동력, 그리고 역사발전에 대한 이해가 전제되지 않으면 불가능하다. 이처럼 역사관은 자연히 역사진행의 방향과 원동력, 그리고 역사발전에 대한 보편적 법칙 등을 내포하게 된다.

2. 사관의 유형

1) 순환론적 역사관

순환론적 역사관이란 인간의 역사는 비슷한 유형의 사건들로 반복된다는 역사사상이다. 이러한 역사관은 고대 서양에서 있었으며, 고대 중국에서도 있었다. 서양의 경우 기원전 5세기에 이르면 역사가 반복될 것이라는 생각을 확고히 하였다. 대표적인 역사가가 그리스의 투기디데스로서 그는 인간사에 일어났던 일을 매우 중요하게 생각했는데, 그것은 비슷한 일들이 다시 일어날 것이기 때문으로 설명하고 있다. 즉 역사가 순환하는 것으로 보아 과거 인간사의 일들로부터 많은 것을 배울 수 있다고 생각했던 것이다. 그리스인들이 가졌던 순환론적 역사관은 고대 로마인들에게도 전파되어 영향을 미쳤다. 예컨대 타키투스는 사계절의 변화처럼 모든 사물은 일종의 순환이 지배하고 있는 것으로 보았다.

고대 중국인들 역시 역사는 순환하는 것으로 보았다. 순환론의 주류를 이루는 것은 일정한 기간을 두고 유사한 역사적 양상이 반복된다는 것으로, 대표적인 예는 하(夏) 나라와 은(殷) 나라 그리고 주(周) 나라의 비교이다. 세 나라의 창시자는 모두 덕이 있는 성군이며, 하의 걸왕(桀王)이나 은의 주왕(紂王)은 모두 폭군으로서 세나라는 모두 유사한 과정을 밟았다는 것이다. 이 같은 순환사상을 제시한 대표적인 학자는 공자와 맹자로, 예를 들어 맹자의 일치일란설(一治一亂說)에 의하면 역사는 안정되고 이상적인 과거와 쇠퇴와 무질서한 현재가 반복되고 있다.[1)]

이와 같은 고대시대의 순환사관에는 다음과 같이 몇 가지 공통된 특징을 지니고 있다.

첫째, 역사를 생물체의 탄생, 성장, 노쇠, 사멸의 과정과 동일한 것으로 파악하여, 한 국가의 역사든 세계의 역사든 탄생, 성장, 번영, 그리고 쇠퇴와 몰락의 과정을 겪는 것으로 이해하였다. 그 같은 생각은 특히 초기 기독교사가들에게 현저했는데, 5세기 아우구스티누스(St. Augustinus, 354~430)의 경우 『신국론』(De Civitate Dei, 22권, 413~27)에서 지상의 역사 6시기(아담, 노아, 아브라함, 다윗, 바빌론 유수, 크리스트)를 인간의 유년기, 소년기, 청년기, 장년기, 중년기, 노년기와 결부시켰다.[2)]

둘째, 순환론적 역사관은 과거에 행복했던 황금기가 있었고, 그 후로 역사가 점차 타락의 방향으로 나아가고 있다는 사상을 가지고 있다. 고대 중국인들이 가졌던 요순시대에 대한 개념이 그렇고, 기원전 8세기 그리스의 헤시오도스가 역사를 금의 시대, 은의 시대, 청동의 시대, 영웅의 시대, 철의 시대로 구분한 것도 그런 발상이었다.

셋째, 순환론적 역사관은 과거의 이해로부터 현재의 삶에 대한 교훈을 얻으려 하였다. 역사는 인간성의 항속적(恒續的)인 요소에 의하여 비슷한 상황이 반복되는 것이므로, 과거를 통하여 현재와 미래의 삶에 유익한 지식을 제공받을 수 있다고 생각했던 것이다. 고대인들이 볼 때에 역사는 키케로의 표현대로 '생의 교사'였던 것이다.

---

1) 전해종, "중국인의 전통적 역사관", pp. 181~213.
2) 이상현, 『역사철학과 그 역사』(박문각 1991), pp. 142~43; 아우구스티누스(Augustinus), 『신국론: 하나님의 도성』(*De Civitate Dei*), 조호연·김종흡 역 (현대지성사 1997) 참고.

2) 나선형적 순환사관

고대인들이 가졌던 순환적인 역사관은 근대에까지 영향을 미쳤으나, 그것은 새로운 형태로 제시되었다. 역사는 고대인들이 생각했던 바와 같이 단순히 반복하는 것이 아니라 진보의 과정 속에서 반복한다는, 즉 나선상의 상승(spiral ascent)을 한다는 새로운 이론이 비코(Giambattista Vico, 1668～1744)에 의하여 제기된 것이다. 이탈리아의 철학자 비코는 『새로운 과학』(1725)이라는 저서 속에서 인간역사는 일련의 주기 혹은 단계로 발전해간다고 주장하였다. 그에 의하면 역사는 상이한 차원에 따라 수정되면서 반복한다. 즉 순류(順流, corso)와 역류(逆流, recorso)의 과정을 겪으면서 나선형적으로 끝없이 발전해 가는 것이다.[3)]

그런데 비코가 제시하는 순류의 과정은 발전을 의미하고 역류의 과정은 퇴보를 의미하는 것은 아니다. 역류는 역사가 끝없이 전진하는 가운데 하나의 여과과정을 밟는 것을 의미한다. 예컨대 고대를 순류라 한다면 중세는 역류이다. 중세는 퇴보를 의미하는 것이 아니라 새로운 시대를 의미한다. 물론 중세는 폭력이 동반된 무질서와 야만의 시대로 시작되나, 이는 질서와 문명과 이성의 시대를 거쳐 또다시 역류하여 새로운 차원의 시대로 진입하는 것이다. 이 같은 인간의 역사전개 제1주기는 비코에 의하면 고대에서 시작하여 로마의 몰락에서 끝이 났다. 제2주기는 중세의 야만주의에서 시작되었고, 제3주기는 18세기에 시작되었다. 각 주기는 다시 3단계의 발전과정으로 특징지어지는데, 신의 시대, 영웅의 시대, 인간의 시대이다. 신의 시대는 순수한

---

3) 비코(Giambattista Vico), 『새로운 과학』(*Principi di Scienza Nuova*), 이원두 옮김(동문선 1997), pp. 133, 522.

감정과 감각이 집단정신 속에서 지배적이었고 신정정치를 이루었다. 영웅의 시대에는 집단정신 속에 시적 상상력이 나타났고 귀족정치가 이루어졌다. 인간의 시대에는 인간들이 본성에서 모두 동등하다는 인식이 나타났고 이성의 시대로서 입헌군주제 또는 공화제로 구현되는 정치적 자유가 나타났다. 이러한 전개는 무질서에서 질서로, 야만에서 이성과 문명으로의 진보를 의미한다.4)

비코가 제시한 나선형적 순환사관의 기본 전제는 인간의 본성이 근본적으로 동일하다는 점이었다. 그러나 비코는 이러한 동일한 인간본성이 고대인들이 생각했던 바와 같이 항시 똑같은 사회체제를 낳는 것이 아니라, 단계마다 차원이 다른 사회형태를 만들어 내는 것으로 보았다. 따라서 제1주기와 제2수기, 그리고 제3주기에 나타난 인간의 시대는 동일한 차원의 사회가 아니다. 그것은 역사의 흐름에 따라 나사가 한바퀴씩 휘돌아 솟구쳐 돌아온 새롭게 발전된 차원의 사회인 것이다. 비코의 역사관은 고대인들의 단순한 순환론을 극복한 역사관이며, 순류와 역류의 반복적 교대를 통하여 종결이나 완성이 없이 계속되는 진보적 역사관이다.

3) 기독교의 신학적 역사관

기독교의 신학적 역사관은 인간의 역사가 신에 의하여 계획된 대로 실현되어 종국에는 신국으로 인도된다는 사상에 근거하고 있다. 지상에서 펼쳐지는 인간의 역사는 신의 섭리가 인간

4) 비코, 『새로운 과학』, pp. 45, 91, 423.

을 통하여 구현되는 것이므로, 인간의 역사는 그 끝인 최후의 심판을 향하여 직선적으로 진행하고 있다. 이러한 기독교의 역사관은 로마제국 말기 무질서와 부패, 타락, 이민족의 침입 등 말세적인 혼란 속에서 교부(敎父) 아우구스티누스에 의하여 정립되었다. 아우구스티누스는 410년 고트족의 알라릭에 의한 로마시의 약탈에 대한 원인을 기독교로 돌리려는 시민들에게 기독교를 변호하고, 또 불안한 현실사회에서 인간들의 고통을 합리화하고자 『신국론』을 저술하였다. 『신국론』을 통하여 정립된 기독교 역사관의 가장 두드러진 특성은 인간의 지상 역사에 대한 신의 개입, 역사의 직선적 진행, 역사의 종말 등이다.[5)]

기독교의 신학적 역사관에 의하면 인간의 역사는 신의 주재하에 있고, 지상의 역사는 신의 의지가 전개되는 것을 의미한다. 따라서 지상에서 나타나는 수많은 사건들, 국가와 사회의 융성과 몰락은 모두 신의 섭리가 실현되는 것에 불과하다. 아우구스티누스는 선택된 자들에 의하여 신의 섭리가 전달되어 구현되는 과정을 인간의 역사로 보았다. 예수의 탄생 이전에는 유대민족이 구원의 소명을 부여받았지만 예수의 탄생으로 그들의 사명은 끝이 나고, 이제는 기독교회가 그 사명을 떠맡고 있다는 것이다.

기독교의 역사관에 의하면 역사의 시작은 천지창조이고 역사의 종말은 최후의 심판이다. 인간의 역사는 신의 의지에 의하여 천지창조이래 최후의 심판을 향하여 계속 직선적으로 진행되고 있다. 따라서 역사진행은 최후의 심판으로 구원받은 인간들이

5) 워커(William Walker), 『기독교회사』(*A History of the Christian Church*), 류형기 역(한국기독교문화원 1983), pp. 163~71; 베른하임, 『사학개론』, pp. 28~9; 이상현, 『역사철학과 그 역사』, pp. 127~45.

영원히 사는 신의 나라를 최후의 목표로 하고 있다. 이런 점에서 기독교의 역사관은 목적론적 종말론의 역사관이다.

『신국론』에서 정립된 기독교의 역사관은 그리스·로마인들의 순환적 역사인식을 극복하여 이후의 역사관에 큰 영향을 미쳤다. 무엇보다도 서양 중세인들의 역사관으로 수용되어 중세 내내 서양인들의 역사사상과 사고형식을 지배하였다. 또 기독교의 역사관이 내포하고 있는 역사의 원동력과 진행양식, 그리고 역사의 목표 등에 대한 이론은 근대에 들어와서도 헤겔과 마르크스의 역사관에 이르기까지 많은 역사사상에 큰 영향을 미쳐왔다.

4) 헤겔의 관념주의 역사관

관념주의 역사관이란 역사진행을 정신과 이념의 작용으로 파악하는 역사관을 말한다. 헤겔은 우리가 감각을 통하여 파악하는 물질세계는 일종의 환영과 같은 것으로, 궁극적인 실체는 이념이며 그것이 불변의 원형을 이룬다고 생각하였다. 따라서 세계사 속의 모든 현상은 정신의 현상으로, 세계는 정신의 요소로 구성된 것이다. 그런데 그 정신은 하나의 완성된 것이 아니라 끊임없이 활동하며, 그 본질은 자유이다. 그러므로 역사는 자연과는 달리 스스로의 자기운동(自己運動)인 자유가 지배한다. 이 같은 맥락에서 우리가 역사에서 추구해야 할 것은 어떻게 인간의 정신이 발전해 왔는가, 어떻게 정신이 자연으로부터 여러 단계를 거쳐 나타나게 되었는가 하는 것이다. 우리는 이러한 발전이 인간의 자유의 진보적 성취로서 나타나리라고 기대할 수 있는 것이다. 따라서 잠재적 자유의 완전한 실현이 역사의 목표이고 세계 전체의 목적인(目的因)[6]이라 할 수 있다. 한마디로 역사는 자유의 전개과정인 것이다.

헤겔에 의하면 세계사는 자유가 전개되어 온 단계를 보여주고 있는데, 중국과 인도, 그리고 페르시아의 동양사회로부터 시작하여 그리스와 로마사회로 이어지고 서유럽의 게르만 민족의 기독교문화에서 절정에 이르렀다. 구체적으로 말하면 고대 동방에서는 통치자인 전제군주(專制君主) 한 사람만이 자유로웠고, 그리스와 로마에서는 소수의 사람들이 자유를 누렸다. 그에 비하여 서유럽의 기독교적 게르만 사회에 이르러서는 인간이 인간으로서 자유롭게 되었다. 그것은 인간의 정신 단계가 동양의 유년기, 그리스의 청춘기, 로마의 청년기를 거쳐 게르만 기독교 세계에서 성숙기에 도달한 것을 의미한다.[7] 말하자면 역사는 한 사람이 자유로웠던 시대에서 모든 사람이 자유로운 시대로 발전해 가는데, 현대는 바로 그 마지막 단계가 실현되어야 할 시대인 것이다.

그러면 어떻게 이러한 목표에 도달할 수 있는가? 헤겔에 의하면 정신이 실현될 수 있는 유일한 길은 의지에 의해서이다. 헤겔은 역사상 일어나는 일들이 개별적인 인간들의 의지에 의해서 야기된다고 주장하나, 자유가 의도적이고 계획적으로 성취될 수 있다고 생각하지는 않는다. 인간은 일반적으로 자신이

6) 아리스토텔레스(Aristoteles, B.C. 384～322경)는 사물의 운동 및 존재를 네 가지로 분류하였다. 형상인(形相因), 질료인(質料因), 동력인(動力因), 목적인(目的因)이 그것이다. 가옥 건축으로 예를 들면, 형상인은 설계도이고 질료인은 건축자재이며, 동력인은 목수의 노동, 목적인은 집의 용도라 할 수 있다. 헤겔의 자유도 이 같은 의미의 목적인이라 볼 수 있다.

7) 헤겔(Georg Wilhelm Friedrich Hegel), 『역사철학 강의 I』(*Vorlesung uber die Philosophie der Geschichte*), 김종호 역(삼성출판사 1982), pp. 52～3.

나 타인의 정신적 발달을 목표로 삼지 않고, 오히려 개인적인 정열과 이기적인 욕구를 추구한다. 이런 면에서 역사는 여러 민족의 행복, 국가의 지혜, 개인의 덕이 희생되는 살육장이다. 그러나 역사 속에는 이성이 작용하고 있다. 역사는 정신이 구체화된 것이고 정신은 자유를 추구하며, 그 같은 과정 속에서 이성이 작용하는 것이다. 여기서 헤겔은 세계사의 궁극적인 목표와 구체적인 현실과의 관계를 설명하기 위하여 '이성(理性)의 간계(奸計)'라는 개념을 도입하고 있다.[8] 인간의 행동은 인간이 알지 못하는 보다 높고 보다 넓은 목적의 수단이고 도구로 사용되어, 자기 자신의 의지와는 관계없이 합리적인 목표를 향해 나아가고 있다. 그것은 일반 대중뿐만 아니라 위인들도 마찬가지이다. 역사상 위인들은 시대의 요구에 대한 통찰은 있었을지라도 그들의 행위를 넘어서는 더 큰 의의를 이해하지 못했기 때문이다. 그들도 그들 지신들의 개인적 목표를 추구한 것이고 그러한 개인적 목표가 단지 자유의 발전을 위한 요구와 일치했을 뿐이었다. 따라서 위인들이 이룩한 업적은 반드시 그들 스스로가 의식적으로 계획한 것만은 아니었다. 그들은 자신이 무엇을 하는지를 모르면서도 결국에는 역사의 일반적인 목적을 수행한 것이다. 달리 말하면 그들은 역사적으로 이성의 간계에 따라 행동했을 따름이다. 따라서 역사적 행동의 결과와 역사의 흐름은 항상 인간들이 의도했던 바대로 실현되는 것은 아니며, 때로는 전혀 예기치 않았던 것으로 나타나기도 한다. 그러나 그것은 우연한 것이 아니라 역사의 본질인 것이다.

헤겔에게 역사는 자유의 전개과정이므로 자유정신이 곧 세계

---

8) 헤겔, 『역사철학 강의 I』, p. 68.

정신이다. 헤겔의 사상에서 세계정신은 지고의 절대정신이며, 개별 인간들의 정신이란 이 절대정신이 개별적으로 구현된 것이다. 헤겔은 그 같은 정신의 전개를 정, 반, 합의 변증법적 발전과정으로 설명하고 있다.[9] 즉, 역사의 전개가 민족적 원리의 변증법을 보여주는 것이다. 예컨대 로마는 그리스 사회의 일면성에 대한 반동으로 자유의 이념을 표현하고 있는 사회이며, 게르만 국가는 그리스의 자유로운 개성과 로마의 추상적인 법률주의의 구체적인 종합이다. 헤겔은 이러한 변증법적인 설명을 통하여 단순한 인과적 분석이 보여주는 것보다 더 심원하게 역사의 운동을 이해할 수 있다고 주장한다. 그런데 그 같은 헤겔의 변증법적 역사해석은 역사의 필연성이라는 논리가 기저를 이루고 있다. 역사적 사건의 발생을 그와 같은 상황이 요구되었다는 의미에서 필연적으로 보기 때문이다. 예컨대 로마 공화정말에 시저가 최고의 권좌에 오른 것은 필연적인 것인데, 당시 로마사회가 그 같은 상황을 요구했기 때문이었다. 역사의 필연성에 대한 주장에도 불구하고 헤겔은 역사과정에 대해 예언할 수 있다고 주장하지는 않았다. 헤겔의 변증법적 역사발전과 필연성의 논리는 그 난해성과 모호성으로 인해 많은 논란의 대상이 되어왔다.

5) 마르크스의 유물사관(唯物史觀)

물질주의적 역사관이란 사회의 물질적 조건에 따라 역사가 결정된다고 파악하는 역사에 대한 사고체계를 말한다. 역사의

9) 헤겔(G. W. F. Hegel), 『역사속의 이성』(*Die Vernunft in der Geschichte*), 임석진 역(지식산업사 1992), pp. 208～49.

형성과 진행을 물질적 조건의 바탕에서 살펴보려는 시도는 오래된 것으로, 고대 그리스의 자연철학자들까지 거슬러 오를 수 있다. 그러나 가장 정교한 물질주의적 역사이론은 산업혁명기 마르크스(Karl Marx, 1818~83)에 의해 제시된 유물사관이다. 마르크스 유물사관의 기본전제는 인간생활을 지배하는 사회구조가 생산력과 생산관계 속에서 형성된다는 것이다. 달리 말하면 경제적이고 물질적인 요소가 인간의 역사를 지배한다는 것이다. 인간사회는 의식주를 해결하기 위한 생산활동에서 시작된다. 그 같은 생산활동에서 생산력은 자연과 인간이 가지고 있는 힘으로, 사회의 생산관계 즉 경제조직 속에서 인간을 통해 구현된다. 그런데 이런 생산력은 중단 없이 증가하여 기존의 생산관계(소유관계)에 모순을 가져오고, 그럼으로써 생산양식을 변화시킨다. 마르크스에 의하면 인류역사는 생산양식의 변화에 따라 시대를 구분할 수 있는데, 원시공산사회로부터 고대 노예제사회, 중세 농노제사회, 그리고 근대 자본주의사회로 이어져 왔다.

마르크스에 의하면 원시 공산사회에서는 재산이 공유되는 계급 없는 사회였다. 그러나 재산분배와 더불어 계급이 생겨나고, 그와 더불어 착취와 피착취계급이 생겨났다. 재산이란 특히 생산수단의 소유를 의미하며 이러한 소유가 생산관계를 결정짓는다. 일정한 생산관계 내에서 생산력이 증가함에 따라 생산력은 기존의 생산관계와 충돌하게 된다. 그리하여 생산관계가 일정한 역사시기에서 계급을 결정하고, 또 생산력의 발전에 따라 그들 사이에 투쟁을 일으키게 만든다. 예컨대 중세에는 생산수단을 소유한 영주계급과 그렇지 못한 농노계급이 존재했고, 생산력의 증가에 따라 두 계급 사이의 충돌이 불가피하였다. 계급투쟁은 기존의 생산관계를 변모시켜 자본주의라는 새로운 생산양식을 탄생시켰다.

마르크스의 유물사관에 의하면 이와 같은 물질 관계의 생산양식이 정치적, 사회적, 문화적인 생활관계를 제약한다. 인간의 의식이 존재를 규정하는 것이 아니라, 반대로 인간의 사회적 존재가 의식을 규정하는 것이다. 즉, 법률, 종교, 예술, 문화, 학문 같은 사회의 '상부구조'는 경제구조인 '하부구조'의 제약을 받으며 결정되는 것이다. 그러므로 상부구조에 해당되는 인간의 여러 가지 의식형태들은 자율적인 역사도 없고 발전도 없는 것이다. 역사진행에 대한 마르크스의 이러한 이해는 변화의 원인을 오로지 생산양식과 교환양식의 변화에서 찾으려는 역사관이다.10)

마르크스의 유물사관은 산업사회의 전개과정 속에서 탄생되었다. 그 결과 신학적, 추상적 개념들이 유물사관에서는 현실적, 물질적 개념으로 대체되었다. 또 역사진행을 진보의 과정으로 보고 미래에 대한 강한 전망을 제시하였다. 그러나 역사진행에서 정신과 의지의 작용을 간과하고 물질적 구조와 그 법칙적 논리만을 과도하게 강조하는 면이 있다. 역사진행은 물질적인 힘만으로 이루어지는 것은 아니며, 인간의 정신적인 요소 또한 독자성을 가지고 있다. 이러한 점에서 역사는 마르크스의 생각대로 도식적으로만 진행되는 것은 아닐 것이다. 마르크스의 유물사관이 인류의 역사사고에 미친 막대한 영향을 부인할 수는 없으나, 특정한 한 시대의 산물이라는 한계점을 초월하지는 못하였다.

---

10) 마르크스· 엥겔스(Karl Marx· Friedrich Engels), 『독일이데올로기』(Deutsche Ideologie), 김대웅 역(두레 1989); 마르크스, 『정치경제학비판』(Zur Kritik der Politichen Okonomie), 김호균 역(중원문화사 1989); 이상현, 『역사철학과 그 역사』, pp. 317~29.

6) 토인비의 문명사관

문명사관이란 인간의 역사를 문명의 흥망성쇠 과정을 통하여 파악하는 역사관을 의미한다. 이와 같은 문명사관은 토인비(Arnold Joseph Toynbee, 1889～1975)의 『역사의 연구』에서 잘 나타나고 있지만[11], 토인비가 문명사관의 주창자는 아니다. 문명을 하나의 거대한 역사적 유기체로 보고, 그 흥망성쇠를 통하여 역사의 변화를 설명하여 토인비에 큰 영향을 주었던 인물은 러시아의 다닐렙스키(Nikolai Yakovlevich Danilevsky, 1822～1885)와 독일의 슈펭글러(Oswald Spengler, 1880～1936)였다.

다닐렙스키는 러시아의 역사가 정체적이라는 기존의 유럽 중심적 역사관을 비판하고, 역사상 세계의 모든 문명은 모두 독자적인 정신적 특성과 발전단계를 갖는다고 주장하였다. 다닐렙스키는 그의 관점에 따라 역사상 창조적인 세계의 문명을 이집트 문명, 중국 문명, 그리스-로마 문명, 유럽 문명 등 10가지로 나누어 고찰하였다.[12]

슈펭글러 역시 서유럽 중심의 역사상을 천동설적 역사체계로 비판하고, 역사를 하나의 거대한 유기체로 보는 자신의 생각을 코페르니쿠스적 역사체계로 주장하였다. 슈펭글러는 『서구의 몰락』에서 제 1차 세계대전의 원인을 정치적·경제적·사회적 측면에서뿐만 아니라, 서구문화라는 하나의 유기체 내에서의 역사적 변화의 단계로 분석하였다. 그에 의하면 서구 문화는 이미 수백년 전부터 예정되었던 노쇠기에 이르러, 현재 죽음의 과정

---

11) 토인비(A. J. Toynbee), 『역사의 연구』(*A Study of History*), 홍사중 역(D. C. Somervell의 축약본)(학원출판사 1984), 2 vols.

12) 박성수, 『역사학개론』(삼영사 1977), pp. 98～102.

으로서 세계대전을 맞고 있다는 것이다. 슈펭글러에 의하면 모든 문화는 탄생, 성장, 성숙, 노사의 4단계를 거치는데, 앞의 세 시기는 창조적 활동기이나 마지막 노사의 단계에는 창조성이 고갈되어 돈과 정치만능의 시대를 맞게 된다. 이 시기를 슈펭글러는 문명이라 불렀고, 정치만능이 시작될 때 전면전쟁이 벌어진다고 보았다. 슈펭글러에 의하면 서구문화는 19세기에 이미 겨울의 단계에 들어섰고 20세기 초에 정치만능의 시대에 접어들었다. 따라서 당시 임박하고 있던 세계대전은 정치만능의 출현을 알리는 숙명적인 사건이라는 것이다. 슈펭글러는 인류 역사상 시간적으로나 공간적으로 일정한 기간과 범위를 가졌던 문화가 8개 존재했다고 보아, 이집트 문화, 바빌로니아 문화, 인도 문화, 중국 문화, 고대(그리스, 로마) 문화, 아랍 문화, 멕시코 문화, 그리고 서양 문화를 제시하고 있다.[13)]

토인비는 슈펭글러로부터 직접 배운 바는 없으나 그의 역사관으로부터 큰 영향을 받았다. 특히 세계사를 구성하는 궁극적인 단위는 정치적 차원의 국가가 아닌 사회문화적 통일체로서의 문명이라는 점과 여러 문명은 병행하며 동시대성을 갖는다는 토인비 사상의 핵심은 슈펭글러의 『서구의 몰락』에서 영감을 얻은 것이다.

토인비에 의하면 인류 역사상 언급할 수 있는 문명은 모두 30개로, 그 가운데 충분히 성장한 문명이 21개, 성장 도중 정체된 문명이 5개, 태어나기도 전에 유산된 문명이 4개이다. 충분히 성장한 문명가운데에서도 이집트 문명, 미노아 문명, 마야 문명, 멕시코 문명, 헬레네 문명 등 14개 문명은 이미 사망하였고, 현

13) 슈펭글러(Oswald Spengler), 『서구의 몰락』(Der Untergang des Abendlandes), 박광순 역(범우사 1995), 3 vols.

재는 인도 문명, 이슬람 문명, 극동 문명, 비잔틴 문명, 동남 유럽 문명, 그리스정교 문명, 서유럽 문명만이 현존하고 있다.

토인비에 의하면 이들 문명은 탄생, 성장, 쇠퇴, 그리고 해체의 4단계를 거치는데, 그 과정에서 자연환경이나 다른 문명 등 외적인 도전(Challenge)과 문명 내부의 내적인 도전에 대하여 성공적으로 응전(Response)을 한 경우에만 탄생하여 성장하게 된다. 문명이 성장하는데 결정적으로 중요한 도전은 그 문명 자체 내에서 일어나는 내적인 문제(도전)들이다. 이들 문제는 정치적인 문제일 수도 있고, 또는 경제적이거나 도덕적인 문제일 수도 있다. 그런데 한 문명이 성장하면 할수록 도전의 성격은 물질적 차원에서 도덕적·정신적 차원으로 높아지는데, 이를 토인비는 승화과정(Etherealization)이라고 한다. 문명이 도전 받는 경우에는 그것이 어떤 경우이든 문제해결을 위해서는 항상 창조성이 요구된다.

그러면 그 같은 창조성은 어디서 나오는 것인가? 토인비는 하나의 문명이 대내외적인 도전에 성공적으로 응전하기 위한 창조적 힘의 원천을 창조적 소수자(Creative Minority)에서 찾았다. 창조적 소수자는 비창조적 대중에 대한 호소와 매력으로 지도력을 발휘하여 도전을 극복하고 문명을 성장시킨다. 만약 창조적 소수자가 응전에 실패하면 그 문명은 쇠퇴와 해체로 이어지게 되는데, 이 때 창조적 소수자는 대중에 대한 지도력을 상실하여 지배적 소수자(Dominant Minority)로 전락하게 된다.

문명이 쇠퇴기에 이르면, 고난의 시기를 겪게되고 세계국가를 지향하게 된다. 토인비는 헬라문명을 표본으로 하여 현재 살아있는 7개의 문명들 모두 쇠퇴기에 이르렀다고 판단하였다. 그 가운데 가장 늦게 진행되고 있는 서유럽 문명도 이미 고난의 시기에 접어들었다. 문명이 고난의 시기에 접어들면 국가간의 대립과 사상체계간의 대립으로 전쟁이 일어난다. 적을 섬멸하기 위한 전쟁에 기진맥진한 대중은 세계국가의 수립과 평화를 갈구하게 되고, 여기서 문명 전체를 하나로 통합한 세계국가가 출현하게 된다. 세계국가는 기울어져 가는 문명을 회복해보려는 노력의 결실로 나타나나, 이는 대중의 매력을 상실한 지배적 소수자의 지배강요수단에 불과한 것이다.

해체기에 들어선 문명은 도전에 응전할 힘을 상실하고 사회적 분열과 영혼의 분열을 겪게된다. 사회적 분열은 문명 해체기에 나타나는 사회구성원들의 정신적 분열의 외적 현상이다. 이 같은 분열과정 속에서 대내외적인 침해에 문명은 스러지고, 그 사회는 새로운 문명이 동틀 때까지 기나긴 원시단계의 밤을 맞게 되는데, 토인비는 이를 공위시대(Interregnum)라 부르고 있다. 새로운 문명은 이러한 공위시대의 혼란 속에서 싹트는 것이다.

3. 사관의 한계

역사관의 순기능이 전체 역사의 흐름 속에서 개별 사건의 의미를 제대로 파악하게 해주는 것이라면, 그것의 역기능은 역사를 왜곡하여 해석하게 할 수 있다는 것이다. 역사관이 역기능을 갖는 것은 그것의 한계 때문이다. 그러면 역사관이 갖는 한계점은 어떤 것들인가?

우선 어느 역사관이든 역사적 사실에 모두 들어맞는 것이 될 수는 없다는 점이다. 그것은 어느 역사관도 모든 개별사건이나 모든 민족, 모든 시대에 대한 경험적 관찰과 구체적인 인식 위에서 형성된 것이 아니기 때문이다. 그러므로 어느 역사관이든 구체적인 사실에 의해서 입증될 수 있는 것은 아니다. 오히려 역사관은 비역사적이거나 비사실적인 성격을 갖는다. 또 경우에 따라서는 과거의 특정한 사실들이나 특정한 시대가 어느 특정한 역사관 속에서는 지나치게 단순화되거나 강조되기도 한다.

역사관이 갖는 또 다른 한계는 어느 역사관이든 역사 전체의 구조와 진행을 모두 설명하지는 못한다는 점이다. 하나의 역사관은 하나의 관념에 바탕을 두고 형성되는 것인데, 그것은 각각의 역사관이 모두 그것이 만들어졌던 시대의 역사에 대한 자각과 관념을 반영하고 있기 때문이다. 따라서 역사관은 특정 시대의 산물이라는 한계를 지닐 수밖에 없다. 예컨대 기독교의 역사관은 서양 중세시대의 산물이며, 유물사관은 서양 19세기의 산물인 것이다. 요컨대 어느 역사관도 완성적인 것이 될 수 없다는 것이다.

역사는 끊임없이 지속되고 있고 역사에 대한 관념도 계속 변하고 있다. 따라서 어느 한 시대의 관념을 반영하는 역사관이 완성적일 수는 없다. 그러므로 역사를 연구하는 역사가들은 특정한 사관에 매몰되어 역사를 편협하게 해석하는 우를 범해서는 안 될 것이다. 오히려 여러 역사관들의 이론을 상호 보완적으로 종합하여 과거 역사를 현재와의 연속선상에서 새롭게 이해하고 해석하려는 노력이 바람직할 것이다.

제5장
:
역사에서의 시대구분

인류 전체의 역사를 통째로 이해하는 것은 불가능하다. 역사를 단번에 이해하기에는 역사가 너무 긴 시간과 너무 광대한 지역에서 진행되어왔기 때문이다. 그래서 여러 방편으로 역사를 나누어 이해하려 하고 있다. 시대별, 지역별, 혹은 주제별로 나누는 것이 바로 그것이다. 시대에 따른 역사 구분이 곧 시대구분인데, 고대사, 중세사, 근대사, 현대사 등이 그 예이다. 시대구분이 가장 보편적이기는 하나 지역별, 혹은 주제별 구분도 경우에 따라서는 유용한 구분법이다. 한국사, 일본사, 동양사, 서양사 등이 지역별 구분이고, 사상사, 사회경제사, 문화사 등이 주제에 의한 구분이다. 이들 구분 가운데에서 가장 논란이 되고 있는 것이 시대구분이다.

1. 시대구분의 의미와 방법

역사는 시간의 흐름에 따라 변화하는 것을 연구하는 학문이다. 그런데 과거에서 현재와 미래로 끊임없이 계속되는 물리적 시간은 변함없이 동질적으로 이어지고 있다. 반면에 그 같은 물리적 시간에 매개된 인간사는 끊임없이 다양한 모습을 보이며 변화하고 있다. 그러므로 물리적 시간에 인간사가 매개된 역사적 시간은 끊임없이 지속되는 속성과 동시에 끊임없이 변화하는 속성을 동시에 지니고 있다. 시대구분은 이처럼 상반된 두 속성을 동시에 지니는 역사적 시간 속에서 단절적인 변화를 인식하여 이루어지는 것이다. 즉, 시대구분은 지속성과 단절성을 동시에 지니는 역사진행의 과정 속에서 발전관계의 특성에 따라 역사를 서로 다른 시기로 구분하는 것을 말한다.

이러한 시대구분은 역사 전체에 대한 발전관계들을 종합하여 하나의 통일성 속에서 파악하는 것이 지극히 어렵기 때문에 시도되는 것이다. 그렇기는 하나 시대구분은 하나의 역사 전체를 전제하고 있다. 그런 전제 속에서 역사진행을 역사가의 특정한 관점에 따라 구분하는 것이다. 그러므로 시대구분에는 역사가의 주관 개입이 불가피한 것이며, 이 점에서 시대구분에 대한 논란이 제기되고 있다.

시대구분의 근거에 대한 논란이 불가피하기는 하나 시대구분의 필요성은 무엇보다도 역사 전체를 명료하게 파악할 수 없다는 데에 있다. 역사현상이 매우 방대하고 복잡하기 때문에 역사의 전개과정 속에서 파악할 역사의 범위를 설정하지 않고는 역사를 제대로 이해하거나 전망한다는 것이 거의 불가능하기 때문이다. 그래서 역사가들은 역사의 흐름을 그 발전관계들에 비추어 보다 더 정확히 전망할 수 있는 시기들로 구분하고 있다. 달리 말하면 역사가들은 끝없이 지속되는 역사 속에서 시작과 끝을 구분해 낼 수 있는 한 시대의 성격을 파악하고 그를 기준으로 시대를 나누는 것이다. 따라서 역사가들에 의한 시대구분은 역사의 흐름을 더 정확히 인식하기 위한 수단이라고 볼 수 있다. 시대구분의 이와 같은 기능을 고려해 보면 시대구분에는 각 시대의 본질적인 특성을 나타내는 내용, 구조, 이념 등 발전 관계의 맥락이 설명되어야 하며, 또 그러한 발전의 내적 논리가 설명되어야 한다. 그래야만 특정 시대의 시작과 발전 및 절정, 그리고 전환과 끝을 합리적으로 설명할 수 있기 때문이다.

2. 시대구분의 타당성

역사가에 의한 시대구분이 주관적인 성격을 갖기는 하나 자의적일 수는 없다. 시대구분의 목적이 역사의 흐름을 더 정확히 파악하기 위한 것이기 때문이다. 그러므로 시대구분은 타당성을 가져야한다. 그렇다면 그 타당성은 어떤 것인가?

첫째, 시대구분은 역사적 사실에 근거해야 한다. 한 시대에서 다른 시대로의 전환을 명백히 이해하기 위해서는 도식적인 가설을 합리화해서는 안될 것이며, 각 시대의 역사발전 성격을 정확히 규명해야 할 것이다. 이 같은 작업은 무엇보다도 관련 사실들을 광범위하게 검토한 역사적 사실에 근거해야 한다. 시대구분이 구체적인 역사적 사실에 근거하지 않고 단순히 철학적이거나 사상적인 가설에 입각한다면, 그 같은 시대구분은 역사를 더 정확히 이해하는데 기여하기는커녕 역사를 왜곡하여 잘못 이해하게 만들기 때문이다.

둘째, 시대구분은 다른 역사가를 비롯한 많은 사람들로부터 공감과 찬성을 얻을 수 있어야 한다. 시대구분에는 역사에 대한 해석이 반영되어 있어, 역사를 해석하는 역사가들의 관점에 따라 시대구분이 달라질 수 있다. 예컨대 근대의 시작을 종교사가들은 종교개혁으로, 문화사가들은 르네상스로 잡고 있다. 근대의 시작을 종교개혁으로 보든 또는 르네상스로 보든, 그 나름대로 합리적인 내적 발전의 과정을 설명하여 다른 사람들로부터 광범위한 지지를 얻어야 시대구분으로서 타당성을 인정받게 된다. 만약 시대구분이 다른 사람으로부터 타당성을 인정받지 못한다면 그것은 독선에 불과하다. 시대구분이 많은 사람들로부터 지지를 받는 것은 사회변화와 발전과정을 합리적으로 설명하여 설득력을 얻었다는 것을 의미한다.

셋째, 시대구분의 목적이 역사발전의 성격을 좀 더 정확히 규명하기 위한 것이므로, 고대나 중세와 같은 큰 시기의 시대구분 내에 좀 더 세분된 시대구분이 바람직하다. 그것은 고대나 중세와 같이 구분한 시대 내에서도 시간의 흐름에 따라 사회의 성격이 변화했기 때문이다. 비록 그 성격의 변화가 고대와 중세 사이 또는 중세와 근대 사이만큼 크지는 않으나 고대사회나 중세사회 내에서의 작은 변화과정을 인식하는 것은 고대사회나 중세사회의 전체적인 발전과정을 명확히 이해하는데 결정적으로 중요하다. 예컨대 500년경부터 1500년경 사이의 중세시대를 봉건사회라는 특성만으로 1000년 동안을 동질적인 시대로 설명할 수는 없다. 실제로 500년경의 중세 초 사회와 1000년경의 중세 전성기 사회, 그리고 1500년경의 중세 말 사회는 정치와 사회경제, 그리고 문화적인 면에서 모두 큰 폭으로 달라졌던 것이다.

요컨대 시대구분은 역사과정을 좀더 명확히 인식하기 위해 필요한 것이다. 이를 위해 역사가는 자의와 독선이 배제된 보편타당한 역사적인 사실에 근거하여 시대구분을 해야 한다.

3. 시대구분사

1) 고대와 중세의 시대구분

이미 살펴본 바처럼 고대인들은 동서양을 막론하고 역사가 순환을 하는 것으로 보았다. 예컨대 폴리비우스(Polybios, B.C 201경~120경)는 군주정, 귀족정, 민주정의 좋은 정치형태들이 참주정, 과두정, 중우정의 나쁜 형태들과 서로 교대하면서 순환하는 것으로 생각하였다.[1)]

그런데 그 같은 역사의 순환은 과거 행복했던 황금시대로부터 점차로 사회가 몰락하였다가 다시 행복한 시대로 되돌아가는 것으로 생각하였다. 중국인들의 경우 『논어』(論語)에 언급된 요순시대(堯舜時代)가 과거에 존재했던 황금시대였다. 서양의 경우 일종의 시대구분에 대하여 처음 언급한 헤시오도스(Hesiodos) 역시 황금시대를 상정하고 있다. 헤시오도스는 기원전 8세기경의 인물로, 역사가 금의 시대, 은의 시대, 동의 시대, 철의 시대로 이어진다고 보았다.

요컨대 고대인들은 하나의 문화가 형성되었다가 사라지는 것에 특히 관심을 가져, 과거의 황금시대로부터 역사가 몰락해 가는 것으로 생각하였다. 그렇지만 그들은 재난이 지난 뒤에도 계속되는 사회와 문화의 내적인 연속성에 대하여 이해하지는 못하였다.

역사에서 시간의 흐름에 따른 시대구분의 개념을 명확히 제

---

1) 반스(Harry E. Barnes), 『서양사학사』(*A History of Historical Writing*), 허승일·안희돈 역(한울아카데미 1994), p. 52; 이상신, 『역사학 개론』, p. 197.

시하여 후대에 큰 영향을 미친 것은 중세 기독교의 역사관이다. 4~5세기 교부철학자들은 인류의 역사를 두 개의 큰 시기로 구분하여, 기독교 이전의 이교(異教)시대와 기독교시대로 나누어서 설명하였다. 12세기 이후 기독교사가들은 이들 사상을 이어받아 그리스도 이전의 시대, 그리스도의 시대, 그리고 미래 성신(聖神)의 시대로 나누어, 인간의 역사가 신의 섭리에 의하여 종말을 향하여 움직이는 것으로 파악하였다. 이는 성부, 성자, 성신의 삼위일체에서 영향을 받은 구분법이었다. 그런가 하면 6일간의 천지창조에 근거하여 6시기로 시대를 구분하기도 하였다. 이는 3세기경 히폴리토스(Hippolytos)가 처음 제시한 것으로, 아담(Adam)의 시대, 노아(Noah)의 시대, 아브라함(Abraham)의 시대, 모세(Moses)의 시대, 다비드(David)의 시대, 그리고 그리스도의 시대로 나누는 것이었다. 이 시대구분에서는 신의 천지창조 1일을 인간역사의 1,000년으로 계산하여, 천지창조에서 예수의 재림까지 세계의 존속을 6,000년으로 보았다. 그런가 하면 천년왕국설을 믿었던 기도교인들은 천지창조에서 예수의 제2 강림까지에는 1000년씩 지속되는 6시기의 세속 역사가 있고, 그 다음에 역시 1000년간 지속되는 제7의 시기인 세계안식의 시기가 올 것을 믿었다. 또 이 제7의 시기에는 그리스도의 지배와 동시에 적그리스도의 지배가 결합되어 있고, 최후의 심판은 그 후에 올 것이며 그리하여 영원의 시기는 제8시기에 도래할 것을 상정하기도 하였다.[2)]

이러한 초기의 사상들을 종합하여 가장 결정적인 모형을 제시한 사람은 5세기 성 아우구스티누스였다. 아우구스티누스는

2) 이상신, 『서양사학사』, pp. 97~8.

그리스도가 세상의 종말시기 1000년 동안을 지배한다고 상정하는 천년왕국설 대신에 '신의 나라'가 이 세상에 계속해서 작용한다는 견해를 세웠다. 그는 기존의 모세의 시기를 제외하고, 아담의 시대, 노아의 시대, 아브라함의 시대, 다비드의 시대, 바빌론 유수 시대, 그리스도 시대, 그리고 내세로 구분하였다. 아우구스티누스는 자신이 제6시기에 살고 있다고 생각했으며, 제7의 안식의 시대를 거쳐 영원히 지속되는 제8의 신의 제국의 시대가 도래할 것으로 믿었다. 그의 지상에서의 6시기는 인생의 유년기, 소년기, 청년기, 장년기, 중년기, 노년기에 해당하는 것이다. 아우구스티누스의 견해는 후일 이시도르(Isidore, 560경~636)와 베다(Beda, 673~735) 등에 의하여 응용되었고, 중세의 역사서술에서 가장 흔히 채택되는 시대구분법이 되었다.[3)]

중세에서 행해지던 또 하나의 시대구분은 세계사를 4제국(四帝國)의 역사로 나누는 것이었다. 이는 세계의 강국이 앗시리아·바빌로니아, 메디아·페르시아, 마케도니아, 로마로 이어져, 로마를 지상 최후의 국가로 설정하는 구분법이다. '4제국설'은 구약성서의 다니엘서(書)에 나오는 신바빌로니아 왕 네부카드네자르(Nebukadnezar)의 꿈의 해석에 근거하고 있다. 예언자 다니엘은 황금의 머리, 은의 가슴, 청동의 허리, 철의 다리를 가진 상이 무너지는 왕의 꿈을, 하느님에 의해서 세워졌지만 파괴될 것을 의미하는 4개의 제국으로 해석하였다.[4)]

---

3) 뢰빗트(K. Lowith), 『역사의 의미』(*Meaning in History*), 이석우 역(탐구당 1990), pp. 242~43.
4) 이상신, 『서양사학사』, pp. 98~9.

2) 역사의 3구분

오늘날 의미의 진정한 시대구분은 세계사를 고대, 중세, 근대로 나누기 시작한 르네상스 시대에 시작되었다. 르네상스시대의 인문주의자들은 자신들이 살고 있는 시대가 과거와는 다른 새로운 시대라고 생각하였다. 그들의 이와 같은 생각은 곧 그리스 로마의 찬란했던 문화의 시대와 그 시대를 다시 잇는 자신들의 새로운 시대, 그리고 그 사이에 끼인 열등한 시대라는 시대구분으로 이어졌다.

중세를 고대와 분리하여 독립적인 하나의 시기로 파악한 인물은 비온도(Flavio Biondo, 1388～1453), 바사리(Giorgio Vassari, 1511～1574) 등 인문주의자들이었다. 특히 바사리는 예술사를 정리하면서 고대와 중세, 그리고 13세기말 이후의 '새로운 시대'(즉 근대)로 역사를 3시기로 구분하였다. 바사리에 의하면 중세는 야만적인 게르만인들의 침공으로 인하여 고대의 우수한 조각가, 화가, 건축가들이 사라지고, 그들의 예술이 매장된 시기였다. 그는 치마부에(Cimabue, 1240경～1302경)와 지오토(Giotto di Bondone, 1266경～1337)가 고대의 훌륭한 예술을 부흥시키고 나아가 근대적인 예술을 창건했다고 보았다. 또 이들의 새로운 전통은 레오나르도 다 빈치(Leonardo da Vinci, 1452～1519)와 라파엘로(Raffaello Sanzio, 1483～1520)에 의해서 더 발전되었고, 미켈란젤로(Michelangelo Buonarroti, 1475～1564)에 이르러 그림, 조각, 건축이 가장 위대한 예술의 경지에 도달했다고 보았다.[5] 르네상스인들의 고대숭배와 중세 멸시는 17～18세기

5) Giorgio Vassari, *The Lives of the Painters, Sculptors and Architects*, ed., William Gaunt(1963), Vol. I, p. 9; 이상현, 『역사철학과 그 역사』, pp. 18

까지 이어졌다.

르네상스시대 예술분야에서 시작된 3분법이 17세기에는 역사학 분야에 파급되었다. 보에티우스(Giesebert Voetius, 1588~1676)는 교회사를 성 아우구스티누스까지의 고대, 루터까지의 중세, 그 이후의 근대로 나누어서 저술하였다. 일반 역사분야에서 오늘날의 3분법을 확립시킨 사람은 네덜란드의 켈라리우스(Christian Cellarius, 1634~1717)였다. 켈라리우스는 역사를 고대사, 중세사, 근대사로 나누고, 고대를 창세부터 콘스탄티누스 시대까지, 중세를 게르만 민족이동부터 동로마의 몰락까지, 그리고 근대를 그 이후로 보았다. 그 후 기조(Pierre G. Guizot, 1787~1814), 미슐레(Jules Michelet, 1798~1874)에 이르러 역사를 세시기로 구분하는 방법이 보편화되었다.[6]

중세를 과소 평가했던 18세기 계몽사상과 역으로 과대 평가했던 19세기 낭만주의는 결과적으로 모두 역사의 3구분을 일반화하는데 기여하였다. 디도르(Denis Diderot, 1713~84), 달랑베르(Jean Le Rond d'Alembert, 1717~83), 그리고 볼테르(Francois Arouet Voltaire, 1694~1778) 등 계몽사상가들은 신의 섭리에 의하여 역사가 진행된다고 믿었던 중세를 낮게 평가하였다. 이성에 의한 역사의 진보를 믿었던 이들은 특히 기독교의 논리가 지배하던 중세를 이성이 어둠에 묻힌 시대로 생각하였다. 예컨대 볼테르의 경우는 문명의 발전에 방해가 되는 두 장애물로 종교와 전쟁을 지목하여 종교 그 자체를 반대하는 배타성을 보이고 있다. 그에 비하여 샤토브리앙(August de Chteaubriand, 1763~1848), 티에리(Augustin Thierry, 1795~1856), 스코트(Walter Scott, 1771~1832)

4~87; 차하순, 『역사의 본질과 인식』, p. 88.

6) 반스, 『서양사학사』, p. 229.

등 낭만주의자들은 이성 만능의 계몽사상과 프랑스 혁명 사상에 반기를 들고 각 민족과 사회가 독자적 가치와 특성을 갖는 하나의 유기체로 생각하였다.[7] 이들 낭만주의 역사가들에 의하면 중세사회는 열등한 사회가 아니라, 독자적인 고유한 특성과 가치를 갖는 역사상 찬란히 발전했던 시대였다. 이처럼 중세시대에 대한 대립적인 견해는 고대와 중세, 그리고 근대라는 시대구분의 바탕 위에 전개된 것으로, 르네상스시대 이래 확산되던 역사의 3분법을 확고히 자리잡게 하는데 공헌하였다.

3) 근대사에 대한 논란과 현대사의 등장

근대사에 대한 개념이 등장한 이후 근대의 시작에 대한 문제가 많은 논란을 일으켰다. 르네상스 시대를 근대의 시작으로 보려는 견해는 스위스 출신의 역사가 부르크하르트(Jacob Burckhardt, 1818～1897) 이래 오랜 동안 정설로 여겨져 왔다. 부르크하르트는 1860년 저술된 『이탈리아 르네상스의 문화』에서 14～15세기 이탈리아 르네상스를 중세와는 단절적인 성격을 갖는 새로운 문화형성의 시기로 제시하였다.[8] 부르크하르트는 이 시기에 세계와 자연에 대한 인간들의 태도에 큰 변화가 일어났다는 점을 중시한 것이다. 부르크하르트의 견해는 일반적으로 커다란 지지를 받았으나, 반대로 강한 반발을 사기도 하였다. 르네상스가 중세와는 단절적으로 새로운 시대의 시발이었다는 부르크하르트의 주장에 대하여 네덜란드의 호이징가(Johan Huizinga,

---

7) 이상신, 『서양사학사』, pp. 335～65, 427～45.

8) 부르크하르트(Jacob Burckhardt), 『이탈리아 르네상스의 문화』(*Die Kultur der Renaissance in Italien*), 안인희 역(푸른숲 1999).

1872~1945)는 『중세의 가을』(1919)에서 르네상스를 중세정신의 만개이자 쇠퇴로 보았고, 또 고대정신의 재생이 아니라 후기 고딕문화의 전개로 보았다.9) 이는 중세시대와 르네상스 시대가 문화적으로 단절된 것이 아니라 연속된다는 견해로, 14~15세기 르네상스가 특별한 의미를 지닐 수 없다는 주장이다. 그 같은 맥락에서 미국의 해스킨스(Charles H. Haskins, 1870~1937)는 12세기의 르네상스가 15세기의 르네상스를 능가한다는 주장을 제시하였다.10)

르네상스를 근대의 시작으로 보려는 견해는 시대구분의 기준을 새로운 문화현상에서 찾는 것이다. 그런데 시대구분의 기준이 문화현상만은 아니었다. 정치적 사건이나 종교적 사건, 새로운 사상 등에서 근대사의 시작을 찾으려는 시도들도 꾸준히 시도되어 왔다. 예컨대 일부 역사가들은 종교개혁을 근대의 시발로 보았고, 계몽주의 시대나 심지어는 프랑스 혁명을 근대의 기점으로 삼으려는 학자들도 나타났다. 아직도 근대의 시작에 대하여 여러 견해들 사이에 논란이 계속되고 있으나 대다수 역사가들은 르네상스를 새로운 시대의 시발로 받아들이고 있다.

근대의 시작에 대한 논란 못지 않게 '좀더 새로운 근대'에 대한 시대구분 역시 문제가 되고 있다. 그것은 역사의 흐름에 따라 르네상스 이후 근대가 점차 장기화되면서 나타난 현상이다. 1800년에 살았던 사람들에게 근대는 르네상스 이후 약 400년간이었으나, 2000년 현재 우리들에게는 600년간이며, 앞으로 점점

9) 호이징가(J. Huizinga), 『중세의 가을』(*The Waning of the Middle Ages*), 최홍숙 역(문학과 지성사 1988).

10) Charles H. Haskins, *The Renaissance of the Twelfth Century*(Harvard University Press, 1971).

더 장기화될 것이기 때문이다. 여기서 제4의 시대구분 문제가 대두된 것이다. 학자들은 '최근세사' 혹은 '현대사'로 부르는 네 번째 시기를 설정하여 역사의 구분이 3분법에서 4분법으로 확대되고 있다. 그런데 근대와 현대의 시대구분 역시 절대적인 기준을 제시할 수가 없어 여러 견해들 사이에 논란이 되고 있다. 특히 서양을 중심으로 시대를 구분했던 고대, 중세, 근대와는 달리 현대사의 시대구분은 전세계 모든 민족과 국가가 관여되는 시대구분이므로 더욱 그렇다. 따라서 현재 제시되고 있는 현대사의 기점은 관점에 따라 다양할 수밖에 없다. 예컨대 1940~50년대에는 1870년을 현대사의 전환점으로 생각했으나, 오늘날에는 1914년이나 1945년을 현대의 시작으로 생각하는 경향이 있다. 현대사에 대한 시대구분 문제는 앞으로도 시간이 흐름에 따라 새로운 기점이 제시되며 논란이 지속될 것이다.

4) 한국사에서의 시대구분

우리 나라의 역사에 대한 개설서는 20세기초 이른바 애국계몽운동 시기부터 현재에 이르기까지 수십 종에 달하고 있다. 그런데 이들 개설서에 나타나 있는 한국사에 대한 시대구분을 살펴보면, 대체로 고대, 중세, 근대로 나누어 유럽에서의 시대구분법을 따르고 있다는 것을 알 수 있다. 고대 이전에 원시시대(혹은 선사시대)를 설정하는 4분법이나, 또는 근대 이후 현대를 추가하는 5분법도 있으나 모두 유럽의 역사구분법을 넘어서지 못하고 있다.

한국사 개설서로 애국계몽운동 시기에 나온 표준적인 중등교과서는 1906년에 간행된 현채(玄采, 1856~1925)의 『동국사략

(東國史略)』(보성관 간)이다. 현채는 일본인 임태보(林泰輔)의 『조선사』 시대구분을 따라 한국사를 태고사(단군~삼한시대), 상고사(삼국~후삼국시대), 중고사(고려시대), 근세사(조선시대)로 구분하였다. 임태보가 한국사를 태고사, 상고사, 중고사, 근세사로 4구분한 것은 시대구분에 대한 어떤 문제의식에서가 아니라, 서양사의 체제를 모방하여 왕조를 기준으로 편의적으로 구분한 것에 지나지 않는다. 그럼에도 그 같은 시대구분은 일제하 한국사 시대구분의 범례가 되었다.

일제의 강점기인 1931년 최남선(崔南善, 1890~1957)에 의해 저술된 『朝鮮歷史』는 『동국사략』을 일신하여 한국사를 보급시키는데 지대한 영향을 미친 개설서로 평가되고 있다. 그러나 한국사에 대한 시대구분의 문제에서는 왕조사의 관점에서 상고(고려이전), 중고(고려시대), 근세(조선시대), 최근(대원군~한국합병)의 네 시기로 나누어 기존의 관점을 넘어서지 못하고 있다.

1950년대부터 1960년대까지 사회 일반에 가장 큰 영향을 미친 한국사 개설서는 이병도(李丙燾, 1896~1989)의 『朝鮮史大觀』(1948)과 이를 수정한 『國史大觀』(1954) 및 『韓國史大觀』(1964)이다. 그렇지만 이들 개설서 역시 한국사를 상대(고조선~신라 말기), 중세(고려시대), 근세(조선왕조시대), 최근(1910~1948년)의 네 시기로 나누어 기존의 방법을 거의 그대로 따르고 있다. 후에 이병도 등이 중심이 되어 발간한 진단학회(震檀學會) 편의 『韓國史』 총서 6권(1959~1965)은 통일신라시대까지를 고대, 고려시대를 중세, 조선시대를 근세, 대원군 집정 이후를 최근세로 구분하고 있다.

한국사에 대한 연구가 본 궤도에 오른 1960년대 이래 많은 한국사 개설서가 저술되었다. 이들은 식민사관의 극복과 더불어 새롭게 연구된 내용들을 포괄하고 있으나 시대구분의 문제에 있어서는 여전히 기존의 입장을 크게 벗어나지 못하고 있다. 이들 저술들은 대체로 신라시대 말까지를 고대, 고려시대를 중세, 조선시대를 근세, 대원군 집정이나 개항 또는 갑오개혁 이후를 근대로 잡고 있다. 그렇지만 일부 저술들은 시대구분의 문제에서 새로운 시도를 보여주고 있다. 이기백(李基白)의 『韓國史新論』(1967)은 사회의 지배세력 및 이데올로기의 변천에 따라 18개의 장(1976년, 1990년의 개정판에서는 16장)으로 구분하여 한국사를 서술하였다. 한우근(韓㳓劤)의 『韓國通史』(1970, 개정판 1987)와 변태섭(邊太燮)의 『韓國史通論』(1986, 개정판 1989)은 종래의 3분법을 더 세분한 특징을 보여주고 있다. 즉, 『한국통사』에서는 원시사회, 부족사회, 부족연맹사회(고조선~삼한시대), 고대(삼국시대), 고대통일국가(통일신라 및 발해시대), 중세(고려시대), 근세(조선시대), 근대(대원군 집정~갑오개혁), 현대(독립협회와 대한제국의 성립 이후)로 시대를 구분했고, 『한국사통론』에서는 원시사회, 고대사회(고조선~신라 말기), 중세사회(고려시대), 근세사회(조선시대), 근대사회(대원군 집정~일제강점기), 현대사회(1945년 이후)로 시대구분하고 있다. 서울대학교 한국사 특강 편찬 위원회가 편찬한 『한국사특강』(1990)은 시대구분에 대한 기준을 제시하지는 않았으나 3분법적 구분을 피하고 한국사를 시대사와 분류사로 대별하였고, 그 중 시대사를 14개의 주제로 압축·서술하고 있다.

한편 남북한의 긴장이 크게 완화되기 시작한 1980년대 이후 한국사에서는 민중사학을 표방하면서 이른바 사회구성체론에 입각하여 3분법적 시대구분을 전면에 내세우는 저술들이 간행되었다. 한국민중사연구회의 『한국민중사』, 2책(1986)과 한국역사연구회의 『한국사강의』(1989)와 개정판인 『한국역사』(1992),

그리고 한길사에서 펴낸『한국사』총서 27권(1994)가 그들이다. 『한국민중사』에서는 원시·고대사회(원시시대～삼국시대), 중세Ⅰ기(삼국통일～고려시대), 중세Ⅱ기(조선시대), 근대Ⅰ기(개항 이후 일제 강점기까지), 근대Ⅱ기(일제 강점기), 현대(해방 이후)로 시대를 구분하고 있다. 특히 중세사회의 경우 봉건사회의 전과정을 성립기, 발전기, 재편기, 해체기의 네 단계로 나누어 이를 각각 남북국시기(통일신라시대), 고려시기, 조선 초·중기, 18·19세기에 대응시키고 있다. 한길사의『한국사』총서도 원시사회, 고대사회(고조선～삼국시대), 중세사회(통일신라 시대～19세기 후반), 근대시기(개항 이후～한국 합병), 일제 식민지시기, 분단시기(1945 이후)로 시대를 구분하여『한국민중사』나『한국역사』와 시대구분에 대한 인식을 같이 하고 있다.11)

4. 시대구분의 문제점

시대구분의 목적은 역사과정을 좀더 명확히 인식하기 위한 것으로, 역사가는 자의와 독선이 배제된 보편 타당한 역사적인 사실에 근거하여 시대구분을 해야한다는 것은 이미 논의하였다. 그런데 이제까지의 시대구분을 살펴보면 각각의 시대구분이 항상 목적에 적합하고 또 모든 역사가들의 지지를 받아온 것만은 아니었다. 시대구분을 시도한 역사가들은 가장 공정하고 객관적인 시대구분을 위해 노력했으나, 그들은 역사가가 넘지 못하

11) 한국사의 시대구분에 대해서는 다음의 문헌들을 참고할 것. 차하순 외,『한국사 시대구분론』(소화 1995); 한국경제사학회,『한국사 시대구분론』(을유문화사 1995).

는 벽에 부딪치곤 하였다. 그것은 역사가가 갖는 역사적 지식의 한계와 더불어 역사를 바라보는 시각의 차이였다.

시대구분이 보여주고 있는 더 큰 문제점은 시대구분 자체가 강대국과 유럽 중심이라는 것이다. 19세기까지 유럽 강대국이 생각한 세계사는 유럽사에 불과하였다. 아시아의 역사는 함무라비왕, 회교도 침입, 십자군 등 유럽에 영향을 미쳤을 경우에만 하나의 에피소드처럼 등장할 뿐이다. 아프리카의 역사는 안중에도 없다가 제국주의 침략 이후에 겨우 세계사의 주변에서 언급될 정도가 되었다. 강대국 중심의 역사관은 20세기에도 지속되었고, 21세기에 진입한 오늘날에도 크게 변하지 않았다. 20세기 들어 19세기와 달라진 점은 양 차 세계대전 이후 미국의 부상에 의하여 유럽 중심의 역사관이 미국을 포함한 서양 중심의 역사관으로 바뀐 것뿐이다.

역사에 대한 시대구분이 서양 강대국 중심이라는 것은 아시아, 아프리카의 역사가 현재 세계사의 보편 타당한 구분법처럼 인식되고 있는 고대사, 중세사, 근대사, 현대사의 시대구분에 들어맞는가를 살펴보면 잘 알 수 있다. 한국사의 경우도 마찬가지다.

유럽사의 경우 고대와 중세, 그리고 근대의 개념이 적용된 것은 이미 논의한 바와 같이 본래 문화적 현상에 시대구분의 초점이 맞추어진 르네상스시기부터이다. 다시 말하면 '근대'라는 개념은 문학과 미술이 고대로 회귀했다는 사실을 강조한 데서 나왔다. 따라서 이러한 문화사적 구분을 다른 분야에까지 적용할 수 있는가에 대한 논란은 불가피하였다. 그리하여 문화사적 역사구분보다는 정치적, 사회적, 경제적, 혹은 사상적인 변화를 기준으로 역사를 구분해야 한다는 주장이 나오게 되었다. 예컨대 경제적·사회적인 변화를 중시하는 유물사관에 의하면 고대와 중세를 구분짓는 것은 노예제사회와 봉건제사회이다. 또 중세와 근대가 구분이 되는 것은 봉건제사회와 자본주의사회이다.

그렇다면 서양과 마찬가지로 고대사, 중세사, 근대사로 시대구분을 하고 있는 동양사나 한국사의 경우 서양과 같은 기준에서 시대구분을 하고 있는가? 아니면 서양 강대국의 시대구분에 동양이나 한국의 역사를 억지로 꿰어 맞추는 것은 아닌가? 서양의 고대에 그리스와 로마가 있다면, 중국의 고대에 주와 진과 한이 있고, 한국의 고대에는 3국이 있다고 말할 수 있다. 그러나 중국사와 한국사에서 '중세'라는 시대구분이 가능한 것인가? '중세'의 개념적 기원에서 살펴보았듯이 그것은 르네상스시대 인문주의자들의 역사의식의 소산이며, 전적으로 유럽적인 의식의 소산이었다. 그리고 그 개념에 대응되는 주된 내용들은 게르만민족의 이동과 서로마제국의 멸망, 봉토제도, 기사제도, 장원제도, 고딕양식의 교회건물, 십자군전쟁, 중세대학, 스콜라철학 등이다. 그러면 우리 학계에서는 왜 고려시대를 '봉건사회'로 생각하는가? 이른바 '나말여초(羅末麗初)의 변혁'이란 개념이 널리 수용되면서, 이 시기에 전국 각지의 성주·장군들이 대토지(大土地)를 소유하면서 일종의 영주적 지배를 관철했다고 생각하고 있다.[12] 그러나 성주들에 의한 대토지 소유현상은 유럽봉건제의 여러 특징 가운데 하나의 요소에 불과하다. 고려시대 호족이 거느린 사병은 무장한 농민집단으로, 유럽의 기사와 같은 지배계층의 일원으로서 직업적인 전사단(戰士團)이 아니었다.

---

12) 이런 점에서 양병우 교수는 신라말·고려초에 봉건사회의 맹아(萌芽)가 싹트고 있었다고 생각한다. 그러나 그 같은 맹아는 더 이상 성장하지 못하고, 고려는 봉건사회가 아닌 관료제 사회의 길로 나아갔다. 양병우, "우리나라에도 봉건제도가 있었는가", 『역사란 무엇인가』, 이기백, 차하순 편 (문학과 지성사 1988), pp. 197~225.

또 고려는 10세기말 당송의 관료제가 도입되어 군현제가 확립되면서 봉건적인 정치적 분권화 현상도 사라졌다.

한국을 비롯한 동양과 아프리카 등 비유럽문명의 경우 역사발전과정이 유럽과 크게 달랐다면 역사의 시대구분 역시 달라져야 할 것이다. 한국사의 경우 한국의 역사발전과정에서 나타나는 역사적 사실들에 근거하여 시대구분에 대한 새로운 개념을 정립할 필요가 있다.[13)]

13) 시대구분의 문제점에 대하여는 다음 문헌들을 참고할 것. 차하순 외, 『한국사 시대구분론』; 한국경제사학회, 『한국사 시대구분론』; 민두기 편, 『중국사 시대구분론』(창작과 비평사 1991).

제6장
:
역사에서의 진보

1. 진보사상

역사에서의 진보사상이란 역사가 진행되면서 인류가 더 행복한 상태로 발전해 나아간다는 사상을 의미한다. 이러한 진보사상은 18세기 계몽사상 시대에 왕성하게 일어났다. 당시 사회구성원들은 축적된 지식과 발달된 과학, 그리고 특히 이성적 사고에 의하여 사회가 점점 더 행복한 미래를 향하여 움직여 간다고 믿었던 것이다.

인류 역사상 역사의 과정을 정해진 목표를 향해 움직이는 것으로 생각하여 목적론적 역사관을 도입한 최초의 사람들은 유대인들이었고, 그 다음은 기독교인들이었다. 그리하여 오랫동안 서양의 역사사상은 정립된 역사의 목적과 역사의 의미를 갖게 되었지만, 대신 역사의 현세적인 성격은 상실하게 되었다. 유대인과 기독교인들에 의한 역사의 인식은 역사가 정해진 목표에 도달하는 것이 곧 끝나는 것을 의미하였다. 역사 자체가 하느님의 뜻이 펼쳐지는 과정이기 때문에 최후의 심판은 역사의 종말을 의미하기 때문이었다. 바로 이러한 역사사상이 서양 중세를 지배하던 역사관이었다.

그런데 중세를 뒤이은 르네상스 시대에 이르자 사람들은 인간이 세계의 중심을 이룬다는 생각과 더불어 신앙보다 이성이 더 우위에 있다는 믿음도 아울러 갖게 되었다. 이러한 이성에 대한 믿음은 17세기 합리주의와 18세기 계몽사상시대에 이르러 더욱 공고해지면서 이성에 의한 인류의 무한한 진보를 믿게 되었다. 즉, 당대인들은 우리 인간들이 이성을 통하여 자연과 우주를 움직이고 있는 법칙을 인식하고 인간과 사회를 움직이고 있는 기본 원리를 파악할 수 있다면, 우리들은 자연을 인류에게 유리하도록 이용할 수가 있고 사회를 개혁하고 향상시킬 수 있을 것으로 믿었던 것이다. 그리하여 계몽사상가들은 인류의 진보를 위해서는 계몽을 통하여 무지와 미신을 타파하고 이성에 어긋나는 구습과 낡은 제도를 개혁할 것을 주장하였다. 요컨대 이성이 합리적인 사회변화에 작용함으로써 우리 자신이 처해 있는 사회적·경제적, 그리고 정치적인 상황을 더욱 효율적으로 개선해 나갈 수 있다는 것이다.[1)] 진보는 이처럼 이성을 통하여 자기 스스로 환경을 이해하고 지배하는 인간의 능력이 신장되어 나아가는 것을 의미하였다.

계몽사상가들은 낡은 종교를 배격하고 역사에서의 진보를 확신했으나, 이러한 진보사상 자체는 그들이 배격하려 했던 종교에서 연유한 것이다. 말하자면 유대교적·기독교적인 목적론적 역사관의 세속화인 것이다. 천지창조에서 최후의 심판을 향해

1) 주명철, "계몽주의", 『서양의 지적운동』, 김영한·임지현편(지식산업사 1994), pp. 374～404; 카시러(Ernest Cassirer), 『계몽주의 철학』(*Die Philosophie der Aufklarung*), 박완규 역(민음사 1995); 매뉴얼(Frank E. Manuel), 『계몽사상시대사』(*The Age of Reason*), 차하순 역(탐구신서 1976).

움직이는 기독교의 직선적인 역사진행 개념은 그대로 계승되고, 최후의 심판이 문명사회로 대체되고 또 역사의 동력이 신의 의지에서 인간의 이성으로 대체된 것이다.

그렇지만 양자는 역사를 다르게 생각하고 또 다르게 해석하고 있다. 기독교의 역사관이 역사의 동력을 신의 의지로 보고 있는데 비하여 계몽사상가들은 인간의 이성으로 보고 있다. 기독교의 역사관에 따르면 모든 민족과 모든 시대의 움직임은 다 같이 신의 의지가 구현된 것이다. 반면 계몽사상에 의하면 역사는 인간의 의지가 실현된 것이다. 기독교의 역사관에서는 역사의 시작과 끝이 천지창조에서 최후의 심판까지로 정해져 있으며, 그 진행과정은 일직선적이다. 계몽사상가들도 역사의 진행과정이 일직선적이라고 생각했으나, 그것은 종말을 향한 것이 아니라 문명화된 사회를 향한 끝없는 발전의 과정이었다. 기독교의 역사관에서 보면 모든 사건은 다 신의 의지에 따라 형성된 것으로, 각자 일회적으로 고유한 의미를 가지고 있다. 따라서 역사상 모든 민족과 시대는 각자의 가치를 상대적으로 인정받고 있다. 그에 비하여 진보사상에서는 모든 민족과 시대가 합리성이나 행복이라는 절대적인 기준에 의하여 상대성이 배제되고 획일적으로 평가되고 있다. 그 같은 척도에 의하여 각각의 역사적인 개체현상들은 높낮이의 단계가 평가될 수 있고, 또 역사의 진행 과정에서 낮은 단계에서 높은 단계로 진보해 가는 것으로 이해되고 있다.

그런데 19세기에 들어서자 거의 종교처럼 신봉되던 18세기의 진보사상이 흔들리게 되었다. 19세기초에 등장한 낭만주의 사상과 그 뒤에 완성된 역사주의의 영향 때문이었다. 낭만주의와 역사주의는 모든 역사현상의 유기체적 개별성과 고유성, 그리고 역사성을 강조함으로써 상대주의적인 역사관을 제시했기 때문이었다. 그렇기는 하나 19세기를 통하여 인류는 많은 영역에서 가시적인 발전을 이룩하였고, 그를 바탕으로 역사에서의 진보라는 믿음에 더욱 경도(傾倒)되기도 하였다.

2. 진보사상의 역사

1) 진보사상의 등장

서구 역사상 처음으로 명확한 진보사상이 등장한 것은 17세기였다. 그 이전 고대와 중세시대에는 역사의 진행을 진보로 보는 사상이 존재하지 않았다. 고대시대에는 역사가 순환하는 것으로 보았거나, 유대인들처럼 지상의 역사와는 별개인 구원의 시대를 상정하고 있었다. 또 고대인들은 역사가 과거의 황금시대로부터 몰락하고 있는 것으로 보기도 하였다. 중세 기독교인들 역시 역사의 진행을 진보로 보지 못하였다. 역사는 최후의 심판을 통하여 영원의 제국에 도달할 것으로 보았으며, 그 영원의 제국은 지상이 아닌 천상의 개념이었다. 영원의 제국은 곧 지상 역사의 몰락을 의미하였다. 르네상스인들은 신학적 사고를 거부하기는 했으나 역사진행에 대한 명확한 개념을 제시하지는 못하였다.

역사의 진행과정을 발전이라는 관점에서 파악하기 시작한 것은 17세기에 들어서이다. 진보사상을 처음 제시했던 사람은 퐁뜨넬(Bernard de Fontonelle, 1657～1727)로 알려져 있는데, 퐁뜨넬은 고대인과 근대인의 비교에서 시간의 흐름에 따라 인간의 지식이 축적되지 않을 수 없다는 점을 강조하면서, 그 결과 근대인이 고대인보다 더 현명하다는 견해를 제시하였다. 퐁뜨넬은 특히 과학과 산업분야에서 커다란 발전이 누적적으로 진행되어 미래에는 더 큰 발전이 있으리라 전망하였다.[2)]퐁뜨넬은 17세기 과학혁명의 세기 속에 살면서 새로운 자연과학의 발달과 산업의 진보에 힘입어 인류역사가 진보할 것임을 확신했던 것이다.

2) 18세기의 진보사상

인류역사가 진보한다는 생각이 확고해진 것은 18세기였다. 당시의 계몽사상가들은 이신론자(理神論者 : Deist)들로서, 기독교의 인격적인 신 대신에 우주의 창조자인 동시에 그 우주를 영원히 법칙에 맞게 움직이도록 하는 기계와도 같은 원동력자(原動力者 : Prime Mover)로서의 신을 설정하였다.

뛰르고(Anne Robert Jacques Turgot, 1727~81)는 역사의 진행이 일시적으로 퇴보하는 현상을 겪기도 하지만 계속 전진해 나간다고 보면서, 역사의 연속성과 동시에 누적적인 발전을 강조하였다. 뛰르고는 특히 문명이 복잡해질수록 인간의 진보가 더 빠르게 진행되어왔음을 강조하였다. 또 일반적인 계몽사상가들과는 달리 진보에서의 기독교의 역할을 피력하고 있다. 즉, 인간 정신의 진보에서 기독교가 공헌하였다는 것이다. 그에 의하면 야만상태 속의 인간이 기독교와 철학에 의해 형제애를 느끼며 순화된 상태로 나아갔고, 또 기독교에 의해 인간의 분노가

2) 반스, 『서양사학사』, pp. 230~31; 이상신, 『역사학개론』, pp. 297~98; 이상신, 『서양사학사』, p. 332.

완화되고 행동이 길들여져 국가의 멸망과 전쟁의 참화까지도 경감되었다는 것이다.3)

그에 비하여 진보에 대한 신념을 가장 강하게 보여준 볼테르는 『제민족의 정신과 풍속』이라는 글 속에서 종교와 전쟁을 역사발전의 방해물로 간주하여, 반종교적인 성격을 분명히 드러내고 있다. 볼테르에 의하면 역사상 문명이란 과학과 기술, 도덕과 법률, 상업과 산업의 진보적 발전을 의미하는데, 이 같은 '진보에 방해가 되는 종교와 전쟁이라는 가장 큰 두개의 방해물'을 제거한다면 세계는 더욱 빨리 개선될 것이다. 이성주의자로서 볼테르는 중세를 미신의 시대로 낮게 평가하는 반면, 미래사회는 인간 이성의 힘으로 더욱 진보해나아갈 것으로 확신하였다.4)

꽁도르세(Antonie Marquis de Condorcet, 1743～94) 역시 『인간 정신의 진보에 대한 역사적 견해 개요』라는 글 속에서 중세와 종교를 낮게 평가하였다. 그는 인간의 완전성이 무한함을 역설하면서, 인간의 지식과 덕, 그리고 자유가 분명히 진보해나아갈 것이라는 희망을 가졌다. 그에 의하면 인류는 진보의 10개 단계 중 9개의 단계를 이미 지나왔으며, 프랑스혁명과 근대 과학의 발달에 힘입어 열 번째 단계의 문턱에 들어서 있다. 꽁도르세가 생각하는 진보의 가장 큰 적은 광신주의와 독단주의, 그리고 비합리성이었다.5)

이탈리아의 비코는 독특한 진보사상을 제시하였다. 그는 각

---

3) 뢰빗트, 『역사의 의미』, pp. 137～140.
4) 반스, 『서양사학사』, pp. 202～204; 뢰빗트, 『역사의 의미』, pp. 152～53.
5) 크로체, 『역사의 이론과 역사』, p. 204; 반스, 『서양사학사』, p. 232; 뢰빗트, 『역사의 의미』, pp. 128～135.

각의 세계민족들의 역사는 야만의 시대로부터 영웅의 시대를 거쳐 문명의 시대로 나아간다고 보았다. 처음 단계에서는 순수한 감정과 감각이 집단정신 속에서 지배적이었고 신정정치의 시대를 이루었다. 두 번째 단계에서는 집단정신 속에 시적 상상력이 나타났고 귀족정치의 시대였다. 마지막 단계는 이성의 시대로, 이 단계에서는 입헌군주제 또는 공화제로 구현되는 정치적 자유가 나타났다. 이 같은 변화는 이성적이고 문명화된 시대로 나아가는 진보를 의미한다. 그런데 이러한 전개는 완성이나 끝이 없는 과정이다. 왜냐하면 비코에 의하면 마지막 단계 이후에는 다시금 야만으로 회귀하여 세 단계를 반복하기 때문이다. 그렇기는 하나 그 반복은 결코 원래의 출발점으로 되돌아가는 것도 아니고 처음 수준에 머무는 것도 아니다. 그에게 몰락은 정의의 자연적인 근거들인 경건성, 성실성, 진실성으로의 회귀였던 것이다. 비코에 있어서 역사진행은 순환적이기는 하나 그것은 단순환 순환이 아닌 나선상의 상승을 의미하였으며, 그것은 곧 끝없는 진보를 의미하였다.[6)]

3) 19세기의 진보사상

19세기의 진보사상은 앞 세기의 사상을 이어받아 그 보다 한 걸음 더 나아간 것을 보여주고 있다. 생시몽(Saint Simon, 1760~1825)은 인류의 황금시대는 과거에 존재했던 것이 아니라 앞으로 도래할 것이며, 그 시기에 사회질서가 완성된다고 전망하였다. 그렇지만 다른 계몽사상가들처럼 역사의 진보를 믿으면서도 중

6) 비코, "제 민족이 再歸했을 때 생긴 문명의 반복", 『새로운 학문』, ss. 1046~1096.

세를 혼란과 미신의 시대라고 생각하지 않았다. 생시몽은 과거의 모든 시대는 현재의 성립을 위해서 필요한 시기였다고 보아, 일반 계몽사상가들의 비역사적인 태도를 극복하면서 그들의 진보사상을 보완하고 있다.7)

꽁트(August Comte, 1798～1857)는 『실증주의 철학 강의』 속에서 역사가 발전해온 과정을 인간의 사고형식에 따라 신학적 단계(theological phase), 형이상학적 단계(metaphysical phase), 실증적 단계(positive phase)로 구분하여 인류의 진보를 설명하고 있다. 신학적 단계에서는 인간은 자연현상을 신이나 초자연적 힘의 작용으로 보았던 인간 사고의 유아기적 단계였다. 형이상학적 단계는 앞 단계의 설명에 만족을 느끼지 못하고 신 대신에 추상적인 존재를 설정하고 그를 통하여 자연현상을 설명하는 청년기적 사고단계였다. 실증적 단계는 인간이 절대적 개념을 파악하는 것이 불가능함을 깨닫고 이해 가능한 학문인 자연과학에 매진하는 단계이다. 이 단계가 인간사고의 성년기적 단계인데, 여기서 인간은 경험적 관찰과 논리적 추구의 방법을 사용하여 자연현상들의 관계를 수학적으로 정의함으로써 환경을 보다 더 잘 알게 되는 것이다. 이 세 번째 시기를 꽁트는 과학적 단계라고 지칭하면서 이 단계에서 역사의 진보를 전망하였다. 즉, 수학이나 물리학 같은 자연과학의 법칙을 응용하여 사회생활을 분석할 수 있다고 본 것이다. 여기서 꽁트는 사회학을 제창하였다. 자연과학적 방법을 통하여 획득된 역사의 발전에 관한 법칙을 응용하여 사회제도를 개조하여 혁명을 피하고 도덕적 발전을 꾀할 수 있다는 신념에서였다.8)

---

7) 이상신, 『역사학 개론』, p. 302.
8) 뢰빗트, 『역사의 의미』, pp. 105～107.

19세기까지 제시되었던 진보사상은 시기마다 다양하며 또 사상가마다 다양한 모습을 보이고 있다. 특히 진보의 원동력과 역사의 어느 분야에서 진보가 가능한가라는 문제에 대해서 다양한 견해들이 제시되었다. 그런 가운데에서도 대부분의 사상가들은 진보의 원동력이 이성을 통한 과학적 지식의 축적이라는 점에 동의하고 있다. 그러나 인간정신의 진보에 대해서는 견해가 엇갈리고 있다. 17세기의 퐁뜨넬이 과학과 산업을 제외한 예술에서의 진보에 회의적이었고 인간의 도덕적 진보에 부정적 견해를 제시한 이래, 19세기 들어서서도 버클(Henry Thomas Buckle, 1821～62)과 랑케(Leopld von Ranke, 1795～1885) 역시 인간의 도덕생활과 정신에서의 진보를 부정하고 있다. 랑케에 의하면 물질적 생활과 자연과학에서는 직선적인 진보가 인정될 수 있으나, 도덕생활과 정신활동에서는 진보란 인정할 수 없는 것이다. 왜냐하면 만일 역사가 진보한다면 그 원동력을 전제하는 것으로, 그 힘이 신적인 것이라면 신이 각 시대에 불공평하게 대하는 것이 되며, 그 힘이 인간적인 것이라면 인간이 곧 신과 같아지는 것이 되기 때문이다.[9] 그에 비하여 프로동은 역사에서의 진보가 자유와 정의, 그리고 평등을 지향하려는 인간의 의지에 의해서 가능한 것으로, 진보란 도덕적 현상을 내포하는 것이었다.[10]

이 같은 도덕과 정신적 측면에서의 진보에 대한 논란은 20세기에도 그 유산을 물려주고 있다. 예컨대 슈펭글러(Oswald Spengler, 1880～1936)는 인간의 문화를 생물학적이며 동시에

9) 이상현, 『역사철학과 그 역사』, pp. 339～55; 이상신, 『역사학 개론』, pp. 305～6.

10) 뢰빗트, 『역사의 의미』, p. 94.

영혼적인 것으로 파악하여 성장했다가 몰락하면 그것으로 끝나는 것으로 이해하였다. 따라서 이러한 역사사고에서 역사의 전반적인 진보란 있을 수 없었다. 슈펭글러에게 있어서 진보의 현상은 자연과학과 기술의 영역에서 문명적인 개념으로서만 인정할 수 있는 것이었다.11)

3. 진보사상의 정립

그러면 21세기에 들어선 오늘날 우리들은 역사에서의 진보현상을 어떻게 이해하여야 할 것인가? 유럽인들은 세계 1차 대전 이전까지만 하더라도 『로마제국 쇠망사』를 서술한 기번(Edward Gibbon, 1737～94)이나 『케임브리지 근대사』를 편집한 액튼 경이 가졌던 진보에 대한 확신을 간직하고 있었다. 기번은 세계의 모든 시대가 인류의 참다운 부와 행복과 지식, 그리고 미덕까지도 늘려주었다는 믿음을 가졌다. 액튼 역시 역사상 진보가 이루어진다고 확신했으며, 미래에도 인류가 자연자원을 지배하고 그것을 인류의 복지를 위해 슬기롭게 이용하는 인간의 능력이 끝없이 성장해 나갈 것을 믿어 의심치 않았다.

그러나 인류에게 큰 충격을 준 두 번의 세계 대전은 서구인들에게 문명에 대한 불신과 역사의 진보에 대한 깊은 회의를 불러일으켰다. 두 번의 세계적 규모의 전쟁 속에서 인간은 이제까지 발전시켜온 과학문명을 무기로 삼아 고문과 생체실험, 가스실에서의 집단 학살 등 비이성적이고 비인간적인 잔학함을 여실

---

11) 슈펭글러, 『서구의 몰락』.

히 보여주며, 500만명과 1000만명의 인명을 살상했기 때문이었다. 그 결과 서구인들에게 진보보다는 몰락이라는 말들이 더욱 낯익게 되어갔다.

그렇다면 역사에서의 진보는 멈추었는가? 우리들은 이제 다시 카의 주장을 검토할 때가 되었다. 카는 1961년 케임브리지 대학에서 '역사란 무엇인가'에 대하여 강연하면서 기번이나 액튼 못지 않게 역사에 대한 진보의 신념을 확실히 보여주었다. 카는 피지배 민족의 해방과 하층민의 자유확대를 언급하면서 역사의 진보에 대하여 다음과 같이 설파하고 있다.

> 아프리카에서 백인이 지배권을 잃는 것은 대영제국에 충성스런 사람들이나 보수적인 아프리카 공화국 당원들 그리고 금이나 구리를 캐는 광산의 주식에 투자한 사람들에게는 근심거리가 되겠지만, 다른 사람에게는 진보로 여겨질 수 있습니다. 저로서는 이러한 진보의 문제에서 제가 1950년대의 판단을 1890년대의 판단보다, 영어를 사용하는 세계의 판단을 러시아와 그리고 아프리카의 판단보다, 또는 중산계급에 속한 지식층의 판단을 맥밀란(Mcmillan) 씨의 말에 따르면 이렇게 잘 살아본 일이 없었던 보통 사람들의 판단보다 사실상 더 옳은 것으로 받아들여야 할 이유를 도무지 알 수 없습니다.[12)]

카의 주장대로 아프리카 민족의 해방과 옛날의 하인들이 오늘날 잘 살게 된 사실은 그들을 지배하던 소수에게는 근심거리가 될지 모르나, 그들이 지배하던 다수에게는 자유가 늘어난 것임에 틀림이 없다. 그것이 바로 역사가 진보를 향해 움직이고 있다는 증거이다. 역사는 인류에게 물질문명만의 진보를 가져

---

12) 카, 『역사란 무엇인가』, p. 113.

온 것이 아니다. 역사는 인류가 동서고금을 통하여 자유와 정의, 그리고 평등을 향하여 부단히 투쟁하며 노력해 왔다는 것을 보여주고 있으며, 또 그 결과 오늘날 지구상의 거의 모든 인류가 물질적, 도덕적 진보의 혜택을 누리고 있다는 것을 보여주고 있다. 그렇다면 1차 세계대전 및 2차 세계대전과 같은 현상은 어떻게 설명할 수 있는가? 달리 말하면 역사에서의 진보사상을 오늘의 관점에서 어떻게 정립할 수 있겠는가?

첫째, 역사에서 진보를 이룩하는 원천은 유전이 아닌 사회적 획득이다. 생물학적 유전을 통하여 인류가 진보할 수도 있겠으나, 역사가 시작된 이래로 인류에게는 측정할 만큼의 생물학적 변화가 일어나지 않았다. 따라서 역사에서의 진보는 인류가 사회적으로 획득한 지식과 지혜의 축적적인 산물이다. 이성적 존재인 인류는 지구상에 출현한 이래 끊임없이 능력을 발휘하여 사회를 발전시켜왔다. 의식주와 교통·통신 등 물질문명의 측면에서뿐만 아니라, 문학, 예술, 자유, 정의, 도덕, 인권 등 정신문명의 측면에서도 인류는 사회적으로 획득한 유산을 한 세대에서 다음 세대로 전달함으로써 지속적인 진보를 이룩해왔다.

둘째, 지식과 지혜의 축적이 물질문명의 측면에서뿐만 아니라 자유, 평등, 정의, 학문, 예술, 도덕, 인권 등의 측면에서도 이루어졌다는 것은 역사상 진보가 물질문명에서뿐만 아니라 정신문명에서도 이루어져왔다는 것을 의미한다. 진보사상이 등장한 17세기이래 많은 사상가들이 윤리와 도덕을 포함한 인간의 정신문명에 대한 진보에 회의를 품어왔고, 특히 20세기 전반 두 번에 걸친 비극적인 전쟁은 유럽의 많은 일반인들마저 인류의 진보에 대하여 회의를 하게 만들었다. 그렇지만 그들의 회의에도 불구하고 21세기에 접어든 오늘날 인류는 그 어느 때보다도 더 많은 다수가 폭넓은 자유와 평등, 인권을 향유하고 있다. 역사는 인류의 정신문명이 잠시 주춤거리거나 심지어는 후퇴하는 모습을 보여주기도 했으나 궁극적으로는 끊임없이 진보해왔다는 것을 증언하고 있다.

셋째, 진보는 항상 일직선적으로만 이루어진 것은 아니다. 어느 목적지를 향한 길이 꾸불꾸불하고 심지어는 돌아가거나 중간에서 끊기는 일이 있듯이, 역사에서의 진보도 항상 일직선으로 앞으로 뻗어가기만 하는 것은 아니었다. 역사에서도 불가피하게 돌아가는 길이 있다. 1차 세계대전과 2차 세계대전이 바로 그 같은 예이다. 유럽인들이 자괴감을 느끼며 역사의 진보에 회의적이었던 시기는 바로 역사라는 길이 휘어져 되돌아가는 길로 접어들어 다시 앞으로 전진하지 못할 때였다.

역사의 진보가 항상 일직선적으로만 이루어지는 것이 아니라는 말은 역사의 진보가 시공간적으로 연속되는 것만은 아니라는 의미이기도 하다. 한 지역에서의 쇠퇴가 다른 지역에서는 전진을 의미할 수 있고, 한 집단에서의 쇠퇴의 시기가 다른 집단에게는 발전의 시기일 수 있다. 역사는 그 같은 예를 풍부히 제공해주고 있다. 우리는 지중해 시대에서 대서양 시대로의 전환시기, 시민혁명의 시기, 양 차 대전의 시기에 나타난 지리적 혹은 집단적인 성쇠의 갈림을 쉽게 이해할 수 있다. 최근에 나타난 소련과 동구의 몰락 이후시기 역시 하나의 좋은 예이다. 요컨대 진보란 항상 일직선적이지도 않으며, 또 모든 지역 모든 사람들에게 똑같이 그리고 동시에 나타나는 것을 의미하지도 않는다는 것이다.

넷째, 우리 인류의 진보는 아득한 먼 옛날부터 시작되어 끝없이 미래로 이어질 것이다. 문명이 언제 시작되었는가는 불분명하다. 문명은 창조된 것이 아니라 느린 발전 과정을 거쳐 이룩된 것이기 때문이다. 특히 초창기 인류문명의 발전은 더욱 느렸고, 사소한 진보도 한없이 긴 세월에 걸친 축적의 산물로 나타났다. 따라서 문명의 시작 시점을 알아내는 일은 의미 있는 일일지라도 실제로는 거의 불가능하다.

그러면 인류문명의 끝은 있는가? 인류문명에 대한 끝을 상정하는 것은 종말론을 신봉하는 일단의 종교적인 사고에 속하는 것으로, 역사에서 논할 적절한 대상이 아니다. 종말론적 종교적 사고와는 달리 역사는 사건의 과정이라는 측면과 사건의 기록이라는 측면 모두에서 진보를 보여주고 있다. 액튼의 믿음처럼 역사는 사건의 과정으로서는 자유를 향한 진보를, 사건의 기록으로서는 자유의 이해를 향한 진보를 보여주고 있는 것이다. 역사에서의 진보는 그 끝을 알 수가 없다. 카의 믿음처럼 역사에서의 진보는 그 끝이 아직도 끝없이 먼 곳에 있으며, 그것을 가리키는 길 안내판들은 우리가 앞으로 나아갈 때만 비로소 하나씩 눈에 띌 뿐이다. 여행에서 나침반은 없어서는 안 될 길잡이가 되고 있다. 그러나 나침반은 우리에게 방향만을 가르쳐 줄 뿐, 지도처럼 우리가 가야할 길을 알려주지는 않는다. 마찬가지로 역사에서의 나침반은 우리가 나아갈 진보의 방향을 가리키고 있다. 그 진보의 내용이 무엇인가는 우리 인류가 직접 경험할 때에만 비로소 드러날 것이다.[13)]

---

13) 카, 『역사란 무엇인가』, p. 177.

제7장
:
사료의 의미와 분류

1. 사료의 의미

역사는 '과거의 사실을 탐구하는 학문'으로 정의할 수 있다. 이 정의에 의하면 역사가의 임무는 자연히 '과거의 사실'을 조사·연구하는 것으로 규정할 수 있다. 그런데 역사가가 다루는 과거의 사실들 가운데 역사가가 직접 목격했거나 체험한 사실들은 극히 일부분일 수밖에 없다. 따라서 역사가가 다루는 과거의 사실은 거의 모두 역사가가 직접 체험하거나 경험할 수 없는 것들이다.

그렇다면 역사가는 어떻게 지나가 버린 과거의 사실들을 알아낼 수 있는가? 두말할 것 없이 블로크가 지적한 바와 같이 "과거가 남긴 흔적"[1])을 통해서이다. 과거가 남긴 흔적은 과거에 발생했던 사건의 목격자들이 남긴 메모, 보고서, 회고록 등과 법령, 신문, 잡지, 비문, 회화, 조각, 건축물, 생활용품 등 아주 다양하다. 이처럼 과거 인간들이 남긴 삶의 흔적들, 만델보옴의 표현을 빌린다면 "인간이 지나간 과거에 행하고 말하고 느

---

1) 블로크, 『역사를 위한 변명』, p. 68.

끼고 생각한 것들에 대하여 접근할 수 있는 일체를 포괄하고 있는 증거들"2)을 역사학에서는 사료라 칭한다. 따라서 사료는 역사연구의 원료로서, 역사적 사실의 증거물인 셈이다. 달리 말하면 과거의 사실들과 역사가의 과거 인식 사이를 연결하는 매개물이 사료이다. 이런 점에서 본다면 역사가는 사실을 다루는 학자라기보다는 사료를 다루는 학자라는 표현이 더 정확할지도 모른다. 사료는 과거의 사실을 증명하는 증거이며, 역사가는 그 증거를 해석하여 과거의 사실을 알아낸다. 이런 의미에서 블로크나 만델보옴뿐만 아니라 콜링우드 역시 사료를 이전 사람들의 사상과 행동이 남긴 증거로 규정하고 있다.

> 역사학은 어떤 종류의 사물을 발견하는가? 행해진 것, 즉 과거에 행해진 인간의 행위를 발견한다. … 역사학은 증거의 해석으로 진행한다. 여기서 말하는 증거란, 단독적으로는 기록이라 불리는 사물에 대한 집합명칭이다. 그리고 기록이란 지금 여기에 존재하면서, 역사가가 그것에 관해서 사고하면 과거의 사건에 대해 제기한 의문에 해답을 줄 수 있는 그런 종류의 것이다.3)

콜링우드가 정의하는 바와 같이 사료란 과거가 남긴 증거, 곧 흔적인 것이다. 따라서 과거에 대한 흔적(사료)은 역사가가 과거의 사실에 도달하는 매개물로서, 사료가 없다면 역사연구는 원천적으로 불가능한 것이다. 한마디로 사료가 없다면 역사도 있을 수 없는 것이다.

사료가 역사적 사실의 원천이며 기반이 된다는 점은 영어나 독일어의 어의(語義)를 통해서도 확인할 수 있다. 영어에서 사

---

2) 만델보옴, 『역사지식의 해부』, p. 10.
3) 콜링우드, 『역사의 인식』, p. 32.

료를 뜻하는 단어는 source이며 독일어에서는 Quelle이다. 이 말들은 물이 처음 솟아나는 수원(水源)을 의미한다. 영어와 독일어 모두에서 사료란 역사가가 연구하는 역사적 사고의 수원지라는 점을 말해주는 것이다. 수원지 없이 흘러내리는 물이 존재할 수 없듯이, 사료 없이 역사가 존재할 수 없는 것이다.

2. 사료의 분류

그렇다면 우리들은 그와 같은 의미를 갖는 사료를 어떻게 분류할 수 있는가? 고대 그리스에서 역사서술이 처음 시작되었을 때 역사가들이 사용한 사료는 역사가 본인이 직접 경험하고 목격했던 사실이거나 또는 다른 목격자의 진술을 토대로 한 사실들이었다. 헤로도토스와 투기디데스가 서술한 『역사』가 바로 그런 것들로, 각각 자신들이 경험한 페르시아 전쟁과 펠로폰네소스 전쟁을 내용으로 하고 있다. 직접 목격한 사건에 대한 신뢰는 지금도 여전해서 오늘날의 역사가들도 자신들이 직접 경험하고 목격한 일들을 확실한 것으로 믿는 경향이 있다. 그래서 역사가들은 문헌 사료를 중요하게 여기는 것만큼이나 현지답사와 유물과 유적의 직접 관찰을 중요하게 생각한다.

여기서 우리는 사료를 '직접 경험 사료'와 그렇지 못한 '간접 경험 사료'로 나눌 수 있다는 생각을 할 수 있다. 그렇지만 사료를 직접 경험 사료와 간접 경험 사료로 나누기에는 너무 큰 한계가 있다. 우선 간접 경험 사료에 비하여 직접 경험 사료가 비교가 되지 않을 만큼 제한적이다. 인류가 남긴 방대한 양의 사료에 비하면 역사가 한 개인이 직접 경험하여 사용할 수 있는 사료는 양적으로나 질적으로 너무 미미한 것이다. 블로크의 표현대로 "역사에서 직접관찰이란 거의 망상에 지나지 않는다"[4]고 말할 수 있다.

또 역사가들이 직접 경험하거나 관찰한 사료는 신뢰성 못지 않게 부정확성도 지닐 수 있다. 역사가의 관심의 방향과 기억력의 정도에 따라, 그리고 사건이나 관찰 대상에 대한 역사가의 이해 정도에 따라 사실과 얼마든지 달라질 수 있기 때문이다. 영국의 랠리(Sir Walter Raleigh, 1552～1618)의 일화가 그 같은 상황을 잘 말해주고 있다. 랠리는 당시 세계사 제2권을 집필중이었는데, 그가 창을 통하여 내려다보며 관찰한 노상의 소요사태가 다른 목격자들에 의한 보고와 본질적으로 다른 것을 보고, 그 초고를 불 속에 던져버렸다는 것이다.[5] 직접 목격의 경우 녹음 테이프나 비디오 테이프 등에 의해 역사가의 직접 경험과 관찰이 보강된다 하더라도 역사가의 이해정도에 따른 왜곡 가능성의 문제는 여전히 남아 있다.

그런데 이 보다 더 큰 한계점은 현대사회로 올 수록 역사가와 동시대의 사건들일지라도 역사가가 직접 경험하거나 관찰할 수 있는 일들이 너무나 제한되어 있다는 것이다. 한 국가 내의 사건만 하더라도 하루에도 중요한 사건이 여러 지방에서 동시 다발적으로 일어나기 때문에, 역사가가 자신이 직접 경험하거나 관찰한 사실들이란 전체에 비하면 거의 무시할 정도에 가까운 것이다. 또 현대사회의 비밀주의 때문에 국가나 사회의 수많은 중요한 일들을 역사가가 직접 관찰할 수가 없는 것이다. 역사가가 무슨 수로 국가간의 국제회의나 대통령이 주재하는 국무회

4) 블로크, 『역사를 위한 변명』, p. 64.
5) 베른하임, 『사학개론』, p. 116.

의, 또는 군사비밀회의에 참석하여 보고들은 것을 바탕으로 역사를 서술할 수 있겠는가?

이와 같은 이유로 역사가들이 사용하는 사료는 대체로 다른 방법으로 분류하고 있다. 우선 문헌으로 남아있는 '문헌사료'와 그렇지 않은 '비문헌사료'로 크게 구분하고 있다. 그 같은 구분법은 사료의 외적인 특징만을 가지고 구분하는 것으로 그 내적 성격인 사료의 내용과 신빙성과는 무관한 것이다. 그렇지만 역사가들이 사용하는 사료 모두가 문헌사료이거나 아니면 유물이나 유적 등 비문헌사료라는 점에서 실제로 중요하게 사용되는 구분법이다. 전통적으로 이러한 구분법은 사료를 '기록 자료'와 '물적 자료'로 나눈 랑글로아(Langlois)와 세뇨보(Seignobos) 등 많은 역사가에 의해서 오랜 동안 이용되어 왔다. 흔히 사용되는 또 다른 분류방법에는 '1차 사료(원사료)'와 '2차 사료'로 나누는 방법이 있다. 이는 사료 작성의 시기와 연관된 신빙성의 정도에 따른 구분으로, 대체로 1차 사료는 연구대상과 동시대에 형성된 사료를 말하며 2차 사료는 그 이후에 형성된 사료를 말한다.

1) 문헌사료와 비문헌사료

문헌사료란 문헌으로 기록된 사료를 말하며, 법령, 조약, 외교문서, 의회기록 등 정부의 공문서를 비롯하여 일기, 편지, 회고록, 자서전, 계산서, 청구서, 영수증, 장부, 유언장, 메모 등 개인적인 일들에 관한 사문서, 신문, 잡지, 팜플렛, 광고물, 소설, 시, 서적 등 출판물, 금석문, 비문 등 다양한 형태가 있다. 그런데 이들 문헌은 문헌사료 자체가 갖는 내적 신빙성의 정도에 따라

잔적(殘跡)사료와 전고(傳告)사료로 다시 분류할 수 있다.[6]

잔적사료는 뒷날에 증명하거나 확인하기 위하여 작성되어 남겨진 문서들로 그 내용의 신빙성에 문제가 없는 사료들이다. 다시 말하면 문서 내용의 허위, 왜곡, 편견, 부정확 등을 염려할 필요가 없는 사료들이다. 가장 대표적인 것이 공문서로서, 국제기관이나 국가기관, 그 밖의 공공단체가 업무를 처결한 문서들이다. 예컨대 공공기관과 단체의 각종 회의록, 주민등록과 세금납부 기록 등 업무처리 기록들이 이에 속한다. 이들 문서는 일정한 형식에 따라 기록되어 당시에 어떠한 일이 있었는가나 사실이 어떠했었는가를 정확하게 확인할 수 있는 증명서류와 같은 것이다. 이 같은 성격의 문서는 근대뿐만 아니라 시대를 거슬러 올라 중세나 고대에도 다수가 존재하고 있다. 예컨대 고대 로마의 12표법이나 중세 유럽에서 많이 작성되었던 특허장(Charters), 그리고 1377년과 1379년, 그리고 1381년에 작성된 영국의 인두세(Poll Tax) 기록들[7]이 이에 속한다. 근대초부터 유럽 각국에 존재하는 교구기록들, 1689년 영국의 '권리장전'(權利章典) 1789년 8월 26일 프랑스 혁명에서 채택된 '인간과 시민의 권리선언', 각국 의회의 의사기록들, 1949년에 체결된 NATO 조약문서 등도 모두 잔적의 성격을 갖는 사료들이다.

---

6) 베른하임, 『사학개론』, pp. 120～45; 양병우, 『역사의 방법』(민음사 1988), p. 33.

7) 중세 서양의 특허장은 권력자가 특정인들에게 특정한 일을 특별히 허가했던 문서이다. 중세도시가 자치권을 얻은 것이나, 특허상인들이 군주로부터 무역독점권을 얻은 것은 모두 특허장을 통해서이다. 영국은 1377년과 1379년, 그리고 1381년에 14세 이상 영국의 모든 주민들에 인두세를 부과하였다. 그런데 세액을 4배로 증가시켰던 1381년의 인두세는 주민들의 불만을 야기시켜 와트 타일러(Wat Tyler)가 주동이 된 농민봉기의 원인이 되었다.

잔적의 성격을 갖는 문헌사료들은 그 성격상 역사연구의 근본사료로, 역사가들이 특정사회를 연구할 때에 가장 소중한 사료가 되고 있다. 역사가들은 잔적사료를 통하여 특정사회의 기본적인 역사흐름을 파악할 수 있기 때문이다. 예컨대 우리 나라 제1공화국의 역사를 연구하는 역사가들은 당시의 국무회의록을 통하여 국가정책의 기본적인 내용을 파악할 수 있다. 또 국회 상임위원회의에서 정책을 토론한 기록과 대정부 질의기록을 통하여 정책의 방향과 결정과정에 대하여 더 자세히 파악할 수 있다. 그런 다음 그 같은 정책이 실제로 어떻게 시행되었는가는 정부 각 부처의 기록들을 검토하여 알아낼 수 있다. 오랜 옛날의 경우에도 마찬가지다. 예컨대 로마의 12표법을 통하여 역사가는 당시 로마사회의 기본적인 흐름을 파악할 수 있고, 1689년 권리장전을 통하여 당시 영국의 기본적인 정치상황을 파악할 수 있는 것이다.

우리는 잔적사료를 통하여 전고사료의 신빙성의 정도를 가늠할 수 있다. 전고사료는 다음에 상술하는 바와 같이 신빙성에 의심이 가는 경우가 많다. 작성자의 식견이나 편견, 또는 고의적인 왜곡이나 심지어는 날조 등이 개재되었을 개연성이 높기 때문이다. 이 같은 전고사료에 대한 내용의 진실성 여부를 역사가는 잔적문서를 통하여 확인할 수 있는 것이다. 예컨대 2001년 현재에도 각 지방에서는 자신의 조부나 증조부가 일제시대 독립운동을 했다고 주장하며 독립유공자로 등록해줄 것을 요구하는 사람들이 있다. 그들의 주장이 사실인가의 여부는 그들의 주장만으로는 확인할 수 없다. 그 당시 활동했던 사람들이 모두 사망하여 현재는 그 사실 여부를 증언해줄 사람도 없다. 그렇지만 우리는 그 같은 주장의 사실 여부를 당시에 기록된 잔적문서를 통하여 확인할 수 있다. 즉, 일제에 의해서 조사되거나 검거된 독립운동 관련자 기록과 재판기록, 그리고 그와 관련하여 옥고를 겪었던 수형기록 등을 통해서이다.

잔적의 성격을 갖는 국가의 공문서는 근대국가의 사료로서 가장 중요하다. 국가의 공공기관과 단체가 지닌 문서들이 바로 그 국가의 역사를 대변할 수 있기 때문이다. 따라서 오늘날 대부분의 국가들은 이들 공문서를 국가의 법에 의하여 함부로 파기하거나 훼손할 수 없도록 규정하여 관리하고 있다. 우리나라도 1999년부터 「공공기관의 기록물관리에 관한 법령」으로 국가의 모든 기관에서 작성된 문서들을 아키비스트(문서관리사)에 의해서 관리하도록 법률이 규정하고 있는 것도 그 같은 이유에서이다.

전고사료는 잔적사료에 비하여 사실의 전달자나 기록자의 편견과 오해가 개재되어 신빙성이 떨어지는 사료이다. 대표적인 것으로 전설을 들 수가 있다. 전설은 과거의 역사적 사실을 반영하고 있는 경우가 많이 있다. 그러나 기록되어 내려오는 전설일지라도 그것은 구전되어 오는 동안에 과장되거나 첨가되어 윤색된 것들이 많아, 그 자체로는 역사적 사실로 받아들이기 힘든 것이다. 그런데 전설이 아닐지라도 대부분의 문헌사료는 신빙성의 문제를 내포하고 있다. 그러므로 이들은 전고사료로, 역사연구에 사용하기 위해서는 철저한 비판작업이 불가피하다. 예컨대 역사적 사료로서 일기나 서한, 회고록 등은 중요한 가치가 있을 수 있으나, 이들 내용이 항상 신빙성이 있는 것은 아니다. 일기나 서한을 남긴 사람의 사회적 직업과 지위, 식견, 관심과 의도 등에 따라 실제의 사실이 왜곡되어 기술되거나 심지어는 날조된 사실이 기록될 수도 있기 때문이다.

우리들은 신문에 보도된 기사 내용을 대체로 믿으려는 경향이 있다. 그러나 신문의 기사도 기사 작성자나 신문사의 견해가 개재되어 실제의 사건이나 사실과 다를 수 있다. 이런 점에서 신문도 전고로 분류된다. 각종 잡지나 정당의 당보, 그리고 중세시대에 많았던 연대기 등도 모두 동일한 이유에서 전고사료이다. 같은 맥락에서 통계나 영화, 녹음 테이프 등도 전고사료이다. 특히 신라시대의 사회를 연구하는 데 귀중한 사료로서 이름 높은 「신라민정문서」(新羅民政文書)나 중세 영국의 사회를 연구하는 데 중요한 사료인 「토지대장문서」와 「인두세목록」을 비롯하여, 고대 이후 현대까지 작성된 다양한 통계자료 역시 전고사료이다. 통계자료는 특히 작성자의 의도에 따라 왜곡되거나 조작될 수 있는 가능성이 매우 높다. 전쟁시에 발표되는 전과에 대한 통계수치가 서로 전쟁하고 있는 쌍방 사이에 너무 다르다거나, 혹은 선거시에 서로 경쟁하는 후보들이 제시하는 그들에 대한 주민들의 지지도가 너무 다른 것을 생각해 보면, 사료로서의 통계자료의 이용에 어느 정도 주의를 해야 할 것인지를 짐작할 수 있다.

우리들은 김부식의 『삼국사기(三國史記)』나 티투스 리비우스의 『로마사』 역시 잔적사료가 아니라 전고사료라는 점에 특히 주의해야 한다. 김부식의 『삼국사기』가 우리나라 고대사 연구의 기본 사료가 되고 리비우스의 『로마사』가 고대 로마사 연구의 기본사료이기는 하나, 이들 사료는 역사가에 의해서 쓰여진 사서(史書)로 기술된 내용이 사실 그 자체는 아니다. 김부식은 당시에 수집할 수 있었던 많은 잔적과 전고사료를 근거로 『삼국사기』를 서술한 것이다. 그러므로 『삼국사기』의 내용은 완전하지도 못할 뿐만 아니라, 서술자 김부식의 식견과 판단,

그리고 역사관이 개재되어 있는 것이다. 리비우스의 『로마사』도 마찬가지다. 리비우스의 『로마사』에는 리비우스가 로마사를 서술하는 입장을 다음과 같이 잘 나타내주고 있다.

> 나의 과업은 실로 방대한 것이다. 나는 700년 이상을 거슬러 올라가야 할 것이고, 나의 이야기를 그 미미한 시작에서부터 그리고 그 파생된 문제들이 너무나 광대하여 어떤 적절한 처리도 거의 불가능해 보이는 최근의 일까지 다루어야 하기 때문이다. … 국가가 창건되기 전(前) 시기나 또는 창건될 당시에 해당되는 내용이어서 신빙성 있는 역사적 증거들에 토대를 두었다기 보다는 시적인 내용들로 윤색된 그러한 전승들에 대해서 나는 그것을 확증하려고도 부정하려고도 하지 않는다. … 그러나 이러한 전승들이 내 저서에서 다루어지기는 하지만 나는 그 자체를 아주 중요하게 간주하지는 않을 것이다.[8)]

리비우스의 말처럼 『로마사』에 기술된 내용은 국가의 공문서처럼 사실 자체로 믿기 힘든 부분이 있다. 특히 로마 국가의 창건 전 시기나 창건 당시에 대한 내용에 대하여는 그 내용을 서술하면서도 리비우스 자신도 별로 신뢰하지 않는다고 고백하고 있다. 그럼에도 우리들은 『삼국사기』나 『로마사』를 당시대 연구의 가장 중요한 사료로 사용하고 있다. 그 같은 이유는 간단하다. 삼국시대나 로마시대에 대하여 『삼국사기』나 『로마사』를 능가하는 사료가 남아있지 않기 때문이다. 『삼국사기』나 『로마사』를 당시대 연구의 가장 중요한 기본사료로 취급하는 것은 사료부족과 부존(不存) 때문에 나타난 불가피한 현상일 뿐이다.

비문헌 사료로 분류되는 것은 유물(遺物)이나 유사(遺事)와

---

8) "로마의 역사서술 I : 리비우스의 『로마사』", 『서양의 역사학 I 』, pp. 39~40.

같이 잔적의 성격을 갖는 사료들이다.

유물이란 역사상 남겨진 물품들로서, 건축물, 생활용품, 생산도구, 예술품 등 인간이 남긴 과거의 물적 잔존물들이 모두 여기에 속한다. 우리들이 여행이나 학술답사에서 흔히 볼 수 있는 성터, 고찰, 서원, 탑, 고인돌, 박물관의 유물들이나 로마의 원형경기장, 영국의 스톤헨지, 피사의 사탑, 레오나르드 다 빈치의 모나리자, 밀로의 비너스 등이 그 예이다.

유사는 역사상 남겨진 사실들로, 마치 화석처럼 습속이나 언어 또는 법제 속에 남아 있는 과거의 흔적들이다.9) 예컨대 영국의 판사들이 재판시에 가발을 쓴다든가 대학 졸업식의 행사가 라틴어로 진행된다든가 혹은 서양의 배심원 수가 12명 혹은 24명이라는 것은 중세로부터 내려오는 법제와 습속의 흔적들인 것이다.

사료는 이상에서 제시한 바와 같이 문헌사료와 비문헌사료로 크게 분류되고, 문헌사료는 다시 잔적과 전고로 분류할 수 있으나, 모든 사료가 한 종류로만 분류되는 것은 아니다. 예컨대 우리들이 매일 읽고 있는 신문의 경우 모든 내용이 전고사료만은 아니다. 새로운 법률의 게재나 정부의 포고령, 고시문 등은 일반에게 알리는 것을 목적으로 하는 보도임에는 틀림없으나, 그 성질상 잔적으로 분류되는 내용이다. 하나의 이름으로 불려지는 사료가 성질상 여러 종류의 사료로 분리될 수 있는 것은 고대에도 존재한다. 고구려의 유명한 광개토대왕능비(廣開土大王陵碑)가 대표적인 한 예이다. 이 비문은 3단으로 구성되어 있는데, 제1단에는 시조 주모왕(鄒牟王)의 건국신화부터 17세손 광

9) 베른하임, 『사학개론』, pp. 141~42; 양병우, 『역사의 방법』, p. 32.

개토왕이 큰 업적을 남기고 기세(棄世)하여 비를 세워 그 훈적을 기린다는 내용이고, 제2단에는 대왕의 혁혁한 전공을 기록하고, 제3단에는 수묘인(守墓人)에 대한 자세한 규정과 위반자에 대한 벌칙을 기록하고 있다. 여기서 제1단과 제2단은 모두 전고사료에 해당되지만, 제3단은 로마의 12표법과 마찬가지로 잔적사료에 해당된다. 또 제1단과 제2단이 모두 전고사료이기는 하나, 제1단의 신화 및 전설과 제2단의 연대기적 기록은 그 내용의 신빙성에 따른 사료적 가치로서는 크게 차이가 나고 있다.[10] 우리들은 이처럼 하나의 사료가 경우에 따라서는 부분마다 종류를 달리할 수 있다는 점에 주의해야 한다.

2) 1차 사료와 2차 사료

사료를 1차 사료(primary sources or raw materials)와 2차 사료(secondary sources)로 나누는 경우, 1차 사료는 역사 연구의 대상 시기와 동시대 혹은 거의 동시대에 저술되거나 제작된 문헌사료나 비문헌 사료들을 말한다. 이들 사료는 역사가가 해당시대를 연구하는데 가장 기본적인 정보와 지식을 제공해주는 것으로, 역사해석의 기초가 되는 사료들이다. 이에 대하여 2차 사료는 연구 대상의 시기보다 후대에 만들어진 사료들로서, 흔히 1차 사료에 대한 설명, 해석, 판단 등 1차 사료를 보충하는 내용이 포함된다. 그러므로 1차 사료는 사건의 생생한 목격자의 기록으로 직접적인 증거이고, 2차 사료는 그 후대인이 간접적으로 당시의 상황을 전달하는 간접적인 증거인 셈이다.

---

10) 자세한 내용은 양병우, 『역사의 방법』, p. 37 참조.

사료의 형태로 보아 1차 사료에는 금석문, 비문, 공문서, 서간, 저술, 메모, 신문, 잡지, 연설문, 지도, 통계, 도표 등의 잔적과 전고의 성격을 갖는 문헌사료들과 유물이나 유적, 고고학적 자료 같은 비문헌사료가 모두 포함된다. 반면에 2차 사료에는 1차 사료들을 근거로 서술된 논문이나 서적, 1차 사료들에 대한 해석과 각주, 그리고 해제나 비평 등이 있다.

그런데 막상 사료를 분류하다 보면 1차 사료와 2차 사료로 엄격히 구분하기가 곤란한 경우도 생겨난다. 이미 언급한 바와 같이 1차 사료와 2차 사료를 구분하는 기준은 사료의 당시대성에 있다. 1차 사료로 분류되려면 당시대에 작성된 것으로, 목격자가 직접 체험한 내용이거나 또는 목격자가 증언하거나 기록한 내용이어야 한다. 그런데 이 기준에 의하면 2차 사료로 규정되어야 하나 1차 사료로 취급되는 사료들이 있다. 대표적인 것이 옛날에 쓰여진 사서(史書)들이다. 김부식의 『삼국사기』나 리비우스의 『로마사』는 그들이 직접 체험한 시대를 서술한 것이 아니다. 김부식은 고려시대 인물로 삼국시대를 서술하고 있고, 리비우스는 기원전 59년에서 기원 후 17년까지 생존한 인물로 기껏해야 8세기에 이르는 로마사의 마지막 반세기만 자신이 살았던 시대일 뿐이다. 그럼에도 이들 사서들이 1차 사료로 취급되는 것은 삼국시대나 로마시대를 연구하는 데 필요한 다른 문헌들이 남아 있지 않기 때문이다. 불가피하게 이들 『삼국사기』나 『로마사』가 삼국시대와 로마시대 연구의 근간이 될 수밖에 없는 것이다.

또 일부 사료는 사용되는 목적에 따라 1차 사료가 되기도 하고 2차 사료가 되기도 하는 양면적인 특성을 지니고 있다. 예컨대 마키아벨리(Nicolo Machiavelli, 1469～1527)의 『군주론』은

1513년에 저술된 것으로, 당시의 이탈리아 역사를 연구하는 데에는 2차 사료이나, 마키아벨리의 정치사상을 연구하는 데에는 귀중한 1차 사료인 것이다. 1748년에 저술된 몽테스키외(Charles Baron de Montesquieu, 1687~1755)의 『법의 정신』, 1776년에 저술된 아담 스미스(Adam Smith, 1723~90)의 『국부론』, 아리스토텔레스의 『아데네인의 국제』 등은 모두 그 같은 예이다.

일반적으로 1차 사료가 과거의 사건이나 사실을 전달하는데 2차 사료보다 더 정확하고 더 큰 신빙성을 갖는 것으로 생각되고 있다. 그러나 반드시 그런 것은 아니라는 점에 주의해야 한다. 1차 사료를 남긴 사건이나 사실의 기록자들이 항상 정확한 내용을 기록할 수 있었던 것은 아니기 때문이다. 즉, 사건을 직접 경험하거나 목격한 사람이 사건 현장에서 가장 중요한 사항이 무엇이며 사건이 전체적으로 어디로 진행되고 있는가를 파악하기란 쉽지 않기 때문이다. 그것은 사건을 직접 체험한 개인이 아무리 탁월한 관찰력과 판단력을 가지고 있다 하더라도 사건의 전체적 성격을 파악하기에는 한계가 있을 수밖에 없으며, 더구나 사건은 그 시기에 종결되지도 않았기 때문이다. 또 그에 비하여 2차 사료는 사건이 완전히 끝난 이후에 여러 사람들의 관점과 견해가 종합되고 비교되어 오히려 1차 사료보다도 더 정확히 사건의 내용을 종합할 수가 있기 때문이다.

제8장
:
사료의 비판

1. 사료비판의 의미

수집된 사료들은 곧바로 과거의 역사를 재구성하는 데 사용될 수 없다. 사료가 갖는 신빙성이 확인되지 않았기 때문이다. 이미 논의한 바와 같이 과거에 남겨진 사료는 그 작성자가 고의든 아니든 사실이나 사건을 왜곡하거나 잘못 이해하여 기록했을 가능성이 있기 때문이다. 사료는 문헌이든 비문헌이든 과거의 모습을 단편적으로만 전달할 뿐이다. 더구나 사료의 내용에는 남긴 자들의 사회적 지위와 지적 수준이 반영되어 있다. 더 나아가 당시의 사회적·종교적·민족적인 관점에 따라, 그리고 국가적·시대적 사고성향에 따라 파악된 일정한 경향성을 띤 내용을 담고 있는 것이다. 따라서 사료는 과거의 역사를 간접적으로 전달해줄 뿐만 아니라, 때로는 기록자가 일방적으로 서술한 내용을 포함 할 수도 있다. 요컨대 수집된 사료 모두가 곧바로 과거의 사실 자체를 나타내는 것으로는 볼 수 없다는 것이다.

이와 같은 이유로 역사가들은 수집된 사료가 진짜인지, 또 그 내용이 어느 정도 실제와 부합하는지를 비판적으로 검토한 이후에 과거사실을 재구성하는데 사용할 수밖에 없는 것이다. 달리 말하면, 현재 알려진 과거에 대한 지식을 근거로 수집된 사료들을 분석·비판하여 과거의 사실과 사건의 해명에 얼마나 적합한 것인지를 판단해야 한다.

요컨대 역사가는 수집된 사료의 확실성과 진실성을 평가한 연후에 사용해야 하는데, 이같은 평가작업을 사료비판이라 한다.[1] 이러한 사료비판작업은 역사가가 수집된 사료를 이용하여 역사를 서술하기 이전에 반드시 수행해야 하는 의무적인 작업인 것이다. 그러면 사료비판작업은 언제부터 진행되어 왔으며, 그 구체적인 방법은 무엇인가?

2. 사료비판의 역사

역사서술을 위한 사료비판 작업이 제대로 이루어지기 시작한 것은 르네상스시대였다. 그러나 사료비판 작업은 서양의 고대시대에도 있었다. 특히 투기디데스는 참다운 역사를 서술하려 노력하여, 믿기 힘든 전승을 배제하고 스스로 체험한 내용들을 서술하였다. 그런데 투기디데스의 그 같은 태도는 서양 고대시대의 다른 역사가들에게 제대로 계승되지 않았다. 로마시대의 대표적인 역사가 리비우스의 경우도 『로마사』 저술에서, 초기 로마시대의 역사는 전설과 전승에 거의 전적으로 의존했던 것이다. 기독교의 신학적 역사관이 지배하던 중세시대는 사료에 대한 비판작업을 거의 기대할 수 없는 시대였다.

---

1) 블로크, 『역사를 위한 변명』, p. 75; 베른하임, 『사학개론』, p. 152.

역사서술에서 문헌에 충실하고 사료를 비판적으로 검토하기 시작한 연구자들이 나타난 것은 르네상스시대였다. 그 시기 인문주의 역사가들은 대체로 고전고대의 역사가들을 모방했으나, 그런 경향 속에서도 문헌연구에 충실하고 사료를 언어적으로 비판하는 학자들이 등장하였다. 르네상스기의 박학적(博學的)·비판적 역사가들이 바로 그들로, 플로렌스 출신의 비온도(Flavio Biondo, 1388~1463)와 밀라노 출신의 칼치(Tristano Calchi, 1462~1516), 그리고 나폴리 출신의 발라(Lorenzo Valla, 1407~1457) 등이 대표적이다.

비온도는 역사, 고문서, 법률, 행정, 종교, 문화, 군사제도 등 여러 방면에 관심과 지식을 가졌던 최초의 박학적 역사연구자였다. 그는 사료를 비판적으로 분석하여 과거로부터의 선승에 대한 사실여부를 가려내는 등 근대 역사학자다운 태도를 보여주고 있다. 칼치는 오래된 증명서나 비문을 분석하여 역사서술에 응용한 첫 번째 역사가로, 당시까지 의심받지 않았던 고대 저자들의 저술들을 비판적으로 연구하여 비온도의 박학적·비판적 연구를 계승·발전시켰다. 발라는 언어학자이며 역사학자로서 역사문헌의 언어를 비판적으로 분석하여 사료의 진위를 밝혀내는 획기적인 능력을 보여주었다. 『콘스탄티누스 대제의 기진장(寄進狀)의 허위성에 관하여』(1440)가 바로 그 같은 저술로, 발라는 언어학적 지식과 역사적 지식을 통하여 콘스탄티누스의 기진장[2]이 허위문서임을 밝혀냈던 것이다. 발라는 황제 콘스탄

2) 이시도르스(Isidore, 560경~636) 위서(僞書) 속에 있는 위작문서(僞作文書). 로마 황제 콘스탄티누스 1세가 그리스도교로 개종할 때 로마 교황 실베스터 1세에게 감사의 표시로 이탈리아와 기타 서방 여러 지역에 대한 종교적·세속적 통치권을 바친 사실을 적고 있다.

티누스(Constantinus, 재위 306~337)가 교황 실베스터(Silvester, 재위 314~335) 에게 기진했다는 내용의 문서가 4세기초의 라틴어가 아니라 8세기의 라틴어로 쓰여졌다는 점과, 기진장에 서술된 콘스탄티누스 황제의 통치권 양도에 대한 비현실성, 당시 건설되지도 않은 콘스탄티노플을 교구로 언급한 허위성, 황제의 관과 복장에 대한 묘사의 허위성 등을 밝혀냈던 것이다.[3)]

르네상스시대의 사료비판을 통한 역사연구의 경향은 17세기 볼랑 학파와 모르 학파로 이어졌다. 벨기에의 예수회 회원이었던 볼랑(Jean Bolland, 1596~1665)과 그의 공동연구자들은 사료비판작업의 붐을 일으켰으며, 1618년 프랑스의 성 제르멩 데 프레(St. Germain des Pres) 수도원을 중심으로 조직된 성 모르회(Congregation de St. Maur)의 연구자들은 체계적인 사료수집과 비판의 붐을 일으켰다.

볼랑학파는 1643년에서 1794년에 이르는 동안 53권의 『성자들의 행전』(Acta Santorum)을 편찬했는데, 전설적이거나 우화적인 요소들을 배제하고 역사적인 사실만을 기술하려 노력하였다. 볼랑학파는 과거의 문헌을 체계적으로 수집하여 비판하는 방법을 개척했는데, 이는 문헌비판 방법의 커다란 진보를 의미하였다. 모르학파에서는 베네딕트 교단의 문헌들을 수집·편찬하며, 연대기학, 고문서학, 고문자학, 금석문학, 사전편찬법 등의 보조과학을 체계적으로 이용하였다. 특히 이들은 특정 분야의 사료들을 체계적으로 완전히 수집하여 해석·비판하고 개관하려 했던 최초의 인물들이었다. 특히 마비용(Jean Mabillion, 1632~1707)은 자료의 신빙성을 분석하여 해명하는 방법에 대한 원칙

3) 이상신, 『서양사학사』, pp. 185~89.

을 수립하였다. 마비용은 1681년에 간행된 『고문서학에 대하여』라는 책 속에서 문헌들 사이의 시기 비교와 언어 비교 등을 통한 역사학적 비판의 일반적인 원칙을 제시하였다.4)

볼랑학파와 모르학파의 연구방법은 비온도학파의 업적을 훨씬 능가하는 것으로, 역사연구가 근세에 들어 하나의 학문으로 정립하는데 중요한 기반을 마련하였다. 그렇지만 이들의 사료 비판은 주로 사료가 만들어진 시기와 작성자가 누구인가를 밝혀, 사료의 진위를 알아내는데 중점이 두어졌다.

사료 내용 자체의 신빙성에 대한 비판의 방법은 19세기에 들어 독일의 자비니(F. K. Savigny, 1779~1861), 덴마크의 니부르(B. G. Niebuhr, 1776~1831) 등에 의해서 크게 개척되었다. 이들은 사료작성자가 왜 그 같은 내용을 기록했는가에 대한 의도를 분석하기 위하여 언어학적 비판방법을 사용하였다. 이 같은 사료비판은 사료의 진위에 대한 정확성과 그 내용의 신빙성에 대하여 확실한 판단을 할 수 있게 하여, 역사학을 하나의 학문으로 고양시키는데 큰 공헌을 하게 되었다.5)

3. 사료의 외적 비판

사료비판은 외적 비판과 내적 비판으로 크게 구분된다. 외적 비판은 사료의 진위를 가려내는 작업을 말하고, 내적 비판은 사료 내용의 신빙성을 밝히는 작업을 말한다. 외적비판은 사료의 원형에 대한 조사이다. 그것은 일차적으로 사료 그 자체를 검토

4) 반스, 『서양사학사』, p. 314; 이상신, 『서양사학사』, pp, 285~95.
5) 반스, 『서양사학사』, pp. 237, 319~20.

하는 것이지, 그 내용을 검토하는 것이 아니다. 사료의 외적 비판은 모든 지식을 동원하여 원래 그 사료가 어떠했는가를 밝혀 사료의 원형을 복구하는데 그 최종 목적이 있다.

문서의 진위를 판별하는 기술이 발달된 오늘날에도 문서위조가 심심찮게 이루어지고 있는 것을 생각해보면 옛날에는 가짜 문서가 얼마나 활개를 쳤을까 짐작할 수 있다. 중세시대 유럽은 문서위조의 황금기였다. 로마황제의 옥새와 서신이 위조되었는가 하면 주교와 유력 제후의 인장과 서신도 부지기수로 위조되었다. 심지어는 속권에 대한 교권의 권리를 주장하기 위하여 종교계에서 조직적으로 문서를 위조하기도 하였는데, 대표적인 것이 「콘스탄티누스의 기진장」이다. 그 같은 위조는 문서뿐만 아니라 예술작품에서도 이루어졌으며, 중세 이후 지금도 계속되고 있다. 현재 세계의 박물관과 미술관에 소장된 유물과 미술품들이 과연 얼마만큼 위조품일런지는 아무도 알 수 없는 실정이다.[6]

위조는 예술작품에서만이 아니라 고고학적 유물에서도 이루어지고 있다. 최근 일본의 도후쿠 석기문화 연구소 부이사장 후지무라 신이치(藤村新一)의 경우가 대표적이다. 그는 미야기(宮城)현 가미타카모리(上高森) 유적을 발굴하여, 약 60만년 전 원인(原人)의 건물터로 보이는 주혈적(柱穴跡)과 70만년 전 석기 등 31점을 발견했다고 2000년 10월 하순 발표하였다. 그런데 후지무라 신이치가 10월 22일 새벽 유적지에 혼자 몰래 들어가 구덩이를 파고 석기를 묻는 장면이 비디오에 촬영되어, 석기 조작 사실이 밝혀진 것이다.[7]

---

6) 베른하임, 『사학개론』, p. 152 참고.

7) 이 사실은 2000년 11월 5일 일본 마이니치(每日) 신문에 보도되고, 국내 신

이처럼 돈이나 명예를 위한 위조가 오늘날에도 이루어지고 있기 때문에 역사가들은 사료가 진짜인지 가짜인지를 정확히 판별해야 한다. 문서가 가짜인 경우에도 문서 전체가 가짜인 경우도 있지만 그 일부만이 가짜인 경우도 있어 문서의 진위판별은 치밀하게 이루어져야 한다. 이러한 진위판별을 위해서 역사가들은 우선 사료가 작성된 당시와 같은 상태로 존재하는가, 훼손된 점은 없는가를 조사하게 된다. 이를 위하여 사료의 필적, 어투, 서체, 출처 등을 조사하여 사료의 원래 모습을 찾아보려는 노력을 하게 된다.

오늘날 사료의 외적비판은 다른 학문의 도움이나 과학기술의 도움을 얻어 진행되는 경우가 많다. 특히 언어학, 고문서학, 고문자학, 금석학, 인장학, 공문서학, 문장학(紋章學), 계보학, 화폐학 등이 유용한 학문이다.[8] 컴퓨터, 전자현미경, 적외선, X선, 탄소연대측정법, 방열광측정법(放熱光測定法) 등의 과학기술은 판독이 어려웠던 글자나 연대에 대하여 더욱 정확한 판독을 가능하게 함으로써, 더욱 정확한 사료의 외적 비판작업을 가능케 하고 있다.

요컨대 사료의 외적비판은 사료의 작성 시기와 작성자가 누구인가를 밝히고 그 사료가 원본과 일치하는가를 분석하는 작업으로, 사료비판의 첫 번째의 과정이다. 이러한 외적 비판은 크게 전거(典據)비판과 원문(原文)비판으로 나누어 고찰할 수 있다.[9]

문에는 11월 6일 보도되었다.

8) 역사연구의 보조 및 인접학문에 대한 자세한 사항은 키른의 글을 참조할 것. 키른, 『역사학 입문』, pp. 46～98.

9) 키른은 사료비판을 '본문비판'과 '원전비판'으로 나누어 설명하고 있는데, '본문비판'은 본서의 원문비판을 의미하고 '원전비판'은 저술의도 분석을

1) 전거비판

전거비판은 누가 언제 어디서 사료를 작성했는가를 밝히는 사료비판작업이다. 만약에 작성자와 작성 시기, 그리고 작성 장소 등을 하나도 모르는 정체불명의 문서가 있다고 한다면 누구도 그 문서를 믿지 않을 것이다. 사료에 있어서도 마찬가지이다. 그래서 역사가들은 미지의 사료가 발견되면 언제 누가 어디서 그 문서를 작성했는가를 밝히려 한다. 그래야만 문서의 내용에 대한 신빙성을 논할 수가 있기 때문이다. 사료에 작성자와 작성 시기가 기록되어 있는 경우에는 동일 저자의 다른 사료들과 비교하여 작성자와 작성 시기의 조작 여부를 비교적 쉽게 확인할 수 있다.

그런데 오래된 사료일수록 작성자와 작성 시기에 대한 기록이 없는 경우가 많다. 이런 경우에는 사료의 서체, 어법, 문체 등을 조사한다. 서체와 어법, 그리고 문체는 시대에 따라 달라지고 또 장소에 따라서도 달라진다. 우리들은 이를 통하여 사료의 작성시기를 밝혀낼 수 있고, 작성자도 대체로 알아낼 수 있다. 또 사료 속에 기술된 어떤 특정한 사실이 이미 알려진 다른 사료의 내용과 일치할 경우에는 이를 근거로 사료의 작성시기 등을 알아낼 수 있다.

2) 원문비판

원문비판은 사료의 문장들 사이에 상이한 내용을 가려내어

의미한다. 키른, 『역사학 입문』, pp. 99～127.

바로잡는 일이다. 이때 잘못된 부분은 비교하거나 추정하여 원문복구를 시도하게 된단. 이러한 과정에서 비판자는 첨가, 삭제, 개찬, 오기 등을 가려내어 바로잡아야 한다. 특히 오늘날 전해지는 고대사료의 대부분은 원본이 분실되어 사본만 남아 있으며, 그 사본도 사본의 사본인 경우가 허다하다. 이런 경우에는 정확한 원문비판작업이 더 필수적으로 요청된다. 예컨대 우리나라의 『삼국사기』도 김부식이 쓴 원본은 남아있지 않고, 후에 간행되거나 필사된 3종류의 사본만이 존재하고 있다. 그러므로 이들 사본이 원본과 일치하는가를 조사할 필요가 있다. 말하자면 사본을 조사하여 잘못 옮겨졌거나 왜곡된 부분을 바로잡아 원문을 되찾는 작업이 필요한 것이다. 사본의 경우 여러 손을 거치는 동안 원본과 틀려질 확률이 높아지는 것은 사실이나. 그러나 반드시 그런 것만은 아니다. 원본과 틀려질 확률은 어떤 원문을 어떤 사람이 옮겨 적었느냐에 따라서 크게 달라질 수도 있기 때문이다. 그 같은 이유로 후대의 필사본이 더 정확할 수도 있다. 원문비판은 대체로 다음과 같은 세 경우를 생각할 수 있다.

첫째, 저자가 자필한 원본이 있는 경우. 이 경우에는 원본이 그대로 있고, 다른 사람에 의하여 수정되거나 부가 또는 삭제되지 않았으면 원본을 그대로 믿을 수밖에 없으니 비판의 여지가 없다.

둘째, 원본은 없으나 사본이 여러 가지가 있는 경우. 이 경우에는 사본과 사본을 비교하여 상이한 부분에 대하여 정확한 원형을 밝혀낼 수 있다. 예컨대 『삼국사기』의 경우, 조선초기의 것으로 추정되는 조병순(趙炳舜) 소장본, 중종 7년에 간행된 일명 중종본, 영조 36년에 간행된 주자본(鑄字本)을 비교하여 권

46의 강수전(强首傳)과 설총전(薛聰傳)의 내용들을 정확히 파악하고 있다. 강수전의 경우 조병순본부터 차례로 명우두(名牛頭), 명자두(名字頭), 명우두(名牛頭)라는 표현이 나오고, 설총전의 경우 생지도술(生知道術), 생지도대(生知道待), 생지도대(生知道待)라는 표현이 나온다. 이 경우 세 판본을 비교해 보면 필사자가 牛를 字로, 그리고 術을 待로 잘못 필사한 경우임을 알 수 있다. 세 사본 가운데 조병순본이 가장 오래된 것이나 가장 늦게 발견되었다. 그래서 조병순본이 발견되기 전에는 설총전의 生知道待라는 의미를 제대로 파악할 수 없는 실정이었다.[10] 사본이 많이 남아 있는 경우의 원문비판 방법은 19세기 독일에서 중세사료의 대대적인 간행을 계기로 다듬어졌다.

셋째, 원본은 없어지고 사본도 하나밖에 없는 경우. 이 경우는 원본과의 대조는 물론 사본 사이의 대조도 불가능하다. 따라서 사본의 내용이 해석이 되지 않는다던가 혹은 미심쩍은 부분이 있다면 잘못 필사한 것으로 생각할 수 있다. 그런데 필사자가 고의로 내용을 바꾸었다면 원문의 내용을 알아내기가 매우 어렵다. 그러나 단순한 실수나 판단착오, 그리고 문자나 단어의 혼동 등으로 잘못 필사되었을 경우에는 추정에 의하여 바로잡을 수 있다. 예컨대 문헌학을 의미하는 philology를 philogy로 잘못 표기한 경우, 필사자가 중음탈자(重音脫字)한 것으로 보고 사본의 내용을 수정할 수 있는 것이다.

10) 양병우, 『역사의 방법』, 민음사, p. 44.

4. 사료의 내적 비판

사료의 내적 비판은 사료 내용의 신빙성을 분석하여 사료의 증거능력을 밝혀내는 작업이다. 말하자면 사료의 내용이 얼마나 신빙성이 있는가를 밝히는 작업이다. 따라서 모든 사료들은 내적 비판에 의한 사료의 신뢰도에 따라 역사연구에서 얼마나 중요한 자료가 될 것인가가 결정된다고 볼 수 있다. 이처럼 사료의 내용을 검토하는 내적 비판은 사료의 진본 여부를 검토하는 사료의 외적비판에 이어지는 다음 단계의 비판작업이다.

외적 비판에 의하여 진짜 사료로 밝혀지더라도 그 사료의 내용 속에는 의식적으로나 무의식적으로 거짓이나 오류, 과장 등이 담겨 있을 가능성이 있다. 예컨대 헤로도토스는 페르시아 전쟁사인 『역사』를 서술하면서, 마라톤(Marathon) 전투에서 페르시아인은 6,400명이 전사했고 아테네인은 겨우 192명만이 전사했다고 기록하고 있다.[11] 그런데 당시의 전투가 마라톤 만에서 이루어진 보병들의 백병전임을 감안하면 헤로도토스의 기록은 아테네에게 유리한 쪽으로 상당히 과장되었다고 판단할 수 있다. 역사가는 내적 비판을 통하여 이 같은 과장이나 그 밖의 거짓이나 오류 등을 가려내야 한다. 내적 비판의 목적이 사료의 신뢰성을 결정하기 위한 것이므로, 역사가들은 이 작업에 신중하면서도 많은 노력을 기울여야 한다. 사료의 내적 비판이 정확히 이루어지지 않으면 역사서술의 내용에 대한 신뢰성에 문제가 생길 수 있기 때문이다. 이 내적 비판에는 사료에 사용된 단어의 의미를 정확히 파악하는 어의(語義) 분석 작업과 저자의

---

11) 헤로토토스, 『역사』, p. 461.

저술 의도를 파악하는 저술의도 분석 작업으로 나누어 설명할 수 있다.

1) 어의 분석

사료는 역사적 산물이기 때문에 시대에 따라 사용되는 단어의 의미가 달라질 수 있다. 따라서 사료의 해석은 먼저 정확한 자의(字義)를 알아야만 가능하다. 말하자면 사료에 대한 해석학적인 비판이 필요한 것이다. 인간이 사용하는 언어는 자연과학에서 사용하는 기호와는 달라서 같은 단어라 할지라도 시대, 지방, 저자에 따라 여러 뜻으로 달리 사용될 수 있다. 예컨대 villein은 중세 초 영국의 일반농민을 가리키는 말이었으나 노르만 정복 이후에는 예속농민을 나타내는 대표적인 말이 되었다. 1215년 영국의 대헌장(大憲章)에 나오는 자유민은 귀족층과 같은 봉건지배계층을 말하므로, 고대시대나 20세기의 자유민과는 다른 의미였다. 역사가는 사료에서 사용되고 있는 어의를 정확히 이해하여야만 그 내용을 정확히 파악할 수 있는 것이다.

그런데 단어 자체의 뜻을 정확히 파악한 후에도 문장의 의미를 정확히 알아내기가 어려운 때가 있다. 이 경우에는 사용된 언어의 표현 방식에 저자가 비유나 상징, 혹은 과장이나 반어적인 표현을 함축하고 있는지 생각해 보아야 한다. 예컨대 '주사위는 던져졌다. 이후의 일은 칼이 해결할 것이다'라는 기원전 49년 시저의 말은 매우 비유적이고 상징적인 표현이다. '주사위가 던져졌다'는 것은 이미 마음속으로 거사를 결심했다는 의미이며, '칼이 해결할 것이다'라는 말은 무력으로 사태를 해결하겠다는 의미였다.

2) 저술의도 분석

사람들은 과거에 유명했던 인물이 남긴 글의 내용이나 또는 희귀한 고문헌의 내용을 사실로 믿으려는 경향을 가지고 있다. 그러나 사료로 사용하는 문서에 기술된 내용이 반드시 역사적 사실 자체를 나타내는 것은 아니라는 점에 주의를 기울여야 한다. 물론 사료에 기술된 내용이 얼마나 진실에 가까운 것인가를 측정하는 것은 매우 어렵다. 그렇기는 하나 역사가들은 사료를 남긴 자들이 어떤 목적에서 어떤 의도를 가지고 당시의 사건이나 사실을 기록했는가를 분석해내야만 한다. 기록된 내용이 사실과 다를 가능성이 얼마든지 있기 때문이다. 그것은 기록자의 신체적, 사회적, 지적 환경에 따른 무지와 편견일 수도 있고, 고의적인 왜곡일 수도 있다. 따라서 역사가는 다음과 같은 여러 문제에 대하여 비판적으로 분석해야만 한다.

첫째, 진술한 내용의 진의가 글자 그대로의 의미와 같은가? 사용된 용어가 오늘날의 의미와 같은가? 풍자적이거나 반어적으로 진술하지 않았는가?

둘째, 사실의 기록자는 그것을 얼마만큼 잘 관찰할 수 있었는가? 관찰자의 위치와 사회적 능력은 믿을만한가? 그가 기술한 내용이 그의 사회적 직책과 지위로서는 피상적으로 밖에는 알 수 없는 내용은 아닌가?

셋째, 그의 기록은 정확하고 편파적이지 않은가? 개인적, 종교적, 당파적, 계급적 이해관계나 환경의 영향, 감정 등에 의하여 사실을 왜곡하거나 조작하여 기술했을 가능성은 없는가?

넷째, 기록된 내용이 상식적으로 있을 수 없는 내용은 아닌가? 즉, 기록된 내용이 인간성에 반하는 내용이거나 내적인 자기 모순을 갖지 않는가?

역사의 연구에 사료는 필수적이다. 따라서 사료가 없다면 역사연구도 역사가도 있을 수 없다. 사료는 역사적 사실을 전달하는 매개수단이다. 그렇기는 하나 사료가 곧 역사적 사실은 아니다. 역사가는 사료에 의존하되 사료를 그대로 믿어서는 안 된다. 수집된 사료를 철저히 분석하여 역사연구의 자료로 삼아야 한다. 따라서 사료의 철저한 비판은 역사가의 의무이다. 역사가는 사료가 언제 어디서 누가 작성했는가를 밝히고, 사료의 원래 모습이 어떠했는가를 밝혀야 한다. 더 나아가서 사료의 내용이 어느 정도 신뢰할 만한 것인가를 밝혀야 한다. 이 같은 작업은 역사가의 연구가 객관적인 설득력을 얻기 위해 필요로 하는 최소한의 조건이다.

제9장 : 설 명

역사가는 사료를 수집하여 비판한 후 이들 사료를 이용하여 과거의 역사적 사실을 설명한다. 이 때 역사가는 과거에 무엇이 왜 일어났는가를 논리적으로 서술해야 한다. 다시 말하면 역사적인 사실이나 사건을 설명할 때 역사가는 인과관계(因果關係)를 추구한다는 것이다. 카의 말대로 역사를 연구하는 것은 원인들을 연구하는 것이고, 그래서 역사가는 끊임없이 "왜"라는 물음을 던지는 것이다.1) 그러면 역사에서의 인과관계는 정확히 무엇을 의미하는가? 그것은 자연과학에서의 인과관계처럼 법칙적인가? 역사에서의 우연은 무엇을 의미하는가? 역사의 설명은 반드시 인과관계의 문장으로만 구성되어야 하는가?

1. 역사에서의 인과관계

몽테스키외가 『법의 정신』에서 인간의 행위가 사물의 본질에서 비롯되는 특정한 법칙 또는 원리에 따라 이루어진다고 주장

1) 카, 『역사란 무엇인가』, p. 132.

한 이래, 역사가와 역사철학자들은 오랫동안 역사적 사건의 원인과 그 원인들을 지배하는 법칙을 밝혀내려 노력해 왔다. 물론 오늘날에는 '역사의 법칙'이라는 말을 사용하지는 않고 있으며, 심지어는 원인이라는 말의 사용을 꺼리는 사람까지 생겨나고 있다. 이들은 '사건이 왜 일어났는가?'라는 인과적인 접근보다는 '사건이 어떻게 일어났는가?'라는 상황적 접근방법을 더 자주 사용하고 있다. 그러나 '사건이 어떻게 일어났는가?'라는 물음은 필연적으로 '사건이 어떻게 해서 일어나게 되었는가?'라는 물음으로 이어지게 마련으로, 궁극적으로 '왜'라는 물음으로 되돌아가게 만든다. 따라서 역사가들이 '사건의 원인'이라는 말 대신에 '사건의 조건'이라는 표현을 사용한다 하더라도 그것은 실제로는 사건의 원인을 의미하는 것이다.

실제로 역사가들은 '왜냐하면', '～라는 이유로', '～으로 인하여' 등의 표현으로 '사건이 왜 일어났는가?'를 직접 설명하려 하고 있다. 그런가 하면 '그 같은 상황하에서는～하는 것이 불가피하였다', '～함으로 어쩔 수 없는 상황이었다'라는 표현이나 또는 '～을 초래하였다', '～하도록 고무하였다', '～하도록 만들었다' 등의 표현을 사용하여 역시 인과적 설명을 시도하고 있다. 이 같은 설명이나 해석, 또는 상황의 논리나 사건의 내적 논리들에 대한 표현들은 모두 역사가들이 흔히 사용하는 사건의 원인, 즉 '왜'라는 물음에 대한 답인 것이다.

그런데 그 같은 원인은 단일하지가 않고 다양하다. 역사적 원인이 다양한 것은 하나의 역사적 사건에 하나의 원인만이 작용하는 것이 아니라, 여러 원인이 복합적으로 작용하기 때문이다. 예컨대 제2차 세계대전의 원인을 단 하나만 제시하는 역사가는 없을 것이다. 적어도 그가 전문적인 역사가라면 제2차 세계대전의 원인으로 여러 가지를 제시할 것이다. 즉, 1차 세계 대전 패전국의 경제적 빈곤과 사회적 불안, 세계 경제 공황, 파시즘과 나찌즘의 대두, 사회주의 팽창, 1차 세계대전 전승국의 유화정책, 뭇솔리니의 이디오피아 공격, 히틀러의 재무장, 스페인 내란, 체코슬로바키아의 위기 등 다양한 원인들이 복합적으로 작용하였다고 말할 것이다. 다시 말하면 그는 제2차 세계대전의 원인을 정치적, 경제적, 사회적, 사상적 원인들로 나누어 제시할 것이고, 또 장기적인 원인과 단기적인 원인으로 분류해서 제시하기도 할 것이다.

역사적 사건의 원인들이 다양하고 다원적이라는 것은 그것이 중요성에 따라 분류될 수 있다는 것을 의미한다. 실제로 역사적 원인들은 그 사건이 일어나는데 미친 영향의 비중에 따라 일종의 서열이 매겨지고 있다. 예컨대 역사가들은 원인을 분류할 때 큰 범주로는 '제1차적 원인'과 '제2차적 원인'으로 구분하기도 하고, (배경적인) '조건'과 (직접적인) '원인'으로 나누기도 한다. 그런가 하면 '먼 원인', '가까운 원인', '직접적인 원인'으로 더 세분하기도 한다. 또는 가장 중요한 원인임을 나타내기 위하여 '근본적인', '참다운', '진정한' 등의 수식어를 붙여 사용하기도 한다. 드레이의 표현을 빌면 관련된 조건들 가운데 어떤 조건들은 다른 조건들에 비하여 상대적으로 훨씬 더 원인에 가까운 것이다.[2] 어쨌든 원인들 사이에 서열을 매기기 위하여 역사가는 경우에 따라서는 사건의 최종적인 원인과 그 최종적인 원인의 원인들, 혹은 그 보다도 더 앞선 원인들을 분류해야 한다.

역사적 사건은 인과의 사슬로 이어져 있다. 따라서 역사가들

---

2) 드레이, 『역사철학』, p. 89.

이 역사적 사건의 원인들을 추적하여 오르다 보면 어디까지를 그 사건의 원인으로 보아야하는가를 결정해야 한다. 달리 말하면 드레이의 표현대로 '인과적 조건'과 '비인과적 조건'을 구분해야 하는 것이다.[3] 이 문제에 대하여 블로크는 어떤 사람이 산길을 가다가 실족하여 낭떠러지에서 추락한 경우를 예를 들어 잘 설명하고 있다. 블로크에 의하면 이 사건이 일어나기 위해서는 많은 결정 요소들이 결합되어야 했다. 그렇지만 낭떠러지에서 추락한 원인은 누구든지 실족 때문이라 말할 것이다. 그것이 최후에 일어난 사건으로 가장 중요하기 때문이다. 즉, '가장 특수한 선행 조건, 즉 원인'이기 때문이다. 그런데 우리들은 실족만을 가지고 낭떠러지에서 추락한 사건에 대하여 모든 궁금증이 풀리지는 않는다. 왜(어떻게) 실족했는가에 대한 의문이 여전히 남아 있기 때문이다. 우리들은 실족의 원인들을 중력의 작용, 지질학적 변동에 의한 땅의 기복, 계절적인 이동 목축 등등으로 생각할 수 있다. 그런데 그 같은 많은 조건들이 모두 제시되어야 하는 것은 아니다. 그 가운데 중력의 작용과 같이 '가장 지속적이고 일반적인 조건들'은 생략되고, 방목장으로 가는 험한 산길과 계절적 이동 목축이라는 '보다 특수하지만 어느 정도 지속적인 조건들'만이 문제가 되는 것이다. 즉, 추락의 직접적인 원인은 '가장 특수한 선행 조건'인 실족이지만, 추락 사고가 일어날 수 있었던 조건들은 '보다 특수하지만 어느 정도 지속적인 조건들'인 험한 산길과 이동 목축이라는 지리적, 경제적 상황 때문이었던 것이다.[4] 역사적 사건의 경우에도 동일하다. 예컨대 종교개혁의 경우, 종교개혁 운동이 시작된 직접적인 원인

---

3) 드레이, 『역사철학』, p. 89.
4) 블로크, 『역사를 위한 변명』, pp. 181~82.

은 루터의 95개조 반박문이나, 루터(Martin Luther, 1483～1546)가 95개조 반박문을 작성하게 만든 원인들, 즉 종교개혁의 배경이 되는 조건들은 교회의 부패, 인문주의 발달에 따른 비판정신, 교황에 대한 민족주의적 반감, 교회의 재산에 대한 세속 지배자들의 욕망 등을 들 수가 있다. 그러나 그 같은 조건들을 한없이 거슬러 오를 수는 없다. 블로크의 말대로 직접적인 원인과 '보다 특수하지만 어느 정도 지속적인 조건들'만이 종교개혁에 대해 적절히 설명할 것이기 때문이다.

그런데 이미 언급한 바와 같이 사건의 원인을 하나만으로 설정할 수 없는 경우도 많이 있다. 그 같은 이유는 사건 자체가 너무 거대하고 복잡하여 하나의 원인만으로는 사건을 만족스럽게 설명할 수 없기 때문이다. 또 사건을 야기시킨 중요성에서 원인들 사이의 서열을 구분하는 일이 결코 쉽지 않기 때문이기도 하다. 예컨대 제2차 세계대전의 직접적인 원인은 일반적으로 세 가지가 제시되고 있다. 1939년 9월 1일 히틀러의 폴란드 침공 및 9월 3일 영국과 프랑스의 선전포고, 그리고 1939년 3월 히틀러의 체코슬로바키아 침공과 1939년 7월 영국과 프랑스의 군사동맹이 그것이다. 역사가들은 이들 세 원인 가운데 어느 것이 제외되어도 제2차 세계대전이라는 복잡하고 거대한 역사적 사건이 왜 일어났는가를 제대로 설명할 수 없다고 생각하는 것이다. 또 각각의 원인은 제2차 세계대전을 발발하도록 만든 서로 다른 직접적인 도화선이 되어, 그들 사이에 중요성의 차이를 논하는 것이 불가능하고 생각하는 것이다.

원인들 사이에 중요성의 우위를 결정하기가 어려운 것 못지않게 역사적 사건의 직접적인 원인과 배경적인 조건들을 구분하기도 쉽지 않다. 만약에 위의 세 사건을 제2차 세계대전의 직접적인 원인으로 설명한다면, 1936년 이후 히틀러의 재무장은 제2차 세계대전의 배경적인 조건으로 설명해야 할 것이다. 그런데 히틀러가 영국과 프랑스의 경고를 무시하고 체코슬로바키아와 폴란드를 침공한 것은 1936년 이후 재무장에 의해서 가능했던 것이므로, 히틀러의 재무장이라는 사건을 그 중요성에서 독일의 체코슬로바키아와 폴란드의 침공과 확연히 분리하기는 어려운 것이다. 이 같은 점에서 역사적 사건의 원인에 대한 해석이 역사가에 따라 달라질 수 있는 여지가 있다. 예를 들어 1950년대 초와 1970년대 말에 벌어졌던 봉건제에서 자본주의로의 이행에 대한 세계적인 대논쟁을 살펴보면, 이 논쟁에 참여한 많은 학자들이 그 같은 이행이 왜 일어났는가에 대해 서로 다른 원인들을 제시하고 있다는 것을 알 수 있다.[5)]

역사가들은 역사적 사건에 대하여 끊임없이 '왜'라는 질문을 던지며 도전하고 있으나, 항상 만족할 만한 답을 얻어내는 것은 아니다. 그 같은 이유로 우선 역사적 사건의 원인을 밝히는 일 자체가 어렵다는 점을 지적할 수 있다. 역사적 사건이 오래되고 기록이 거의 남아 있지 않은 경우에는 그 사건이 왜 일어났는가를 정확히 알아낼 수가 없다. 예컨대 기원전 12세기경에 일어났던 것으로 알려진 미케네와 트로이와의 전쟁은 왜 일어났는지 정확히 그 원인을 알 수가 없다. 전쟁의 원인에 대한 전설만이 존재할 뿐, 믿을 만한 문헌기록이 존재하지 않기 때문이다. 그런가 하면 최근에 일어난 사건의 경우에는 국가의 비밀주의 때

5) 김대환 편역, 『자본주의 이행논쟁』(동녘 1984); 애스턴(T. H. Aston)·필핀(C. H. E. Philpin) 편, 『농업계급구조와 경제발전-브레너 논쟁』(*The Brenner Debate: Agrarian Class Structure and Economic Development in Pre-Industrial Europe*), 이연규 역(집문당 1991).

문에 역사가가 그 사건의 진상을 알아낼 수가 없는 경우도 많이 있다. 예컨대 1999년 유고에 대한 나토의 공습이 진행될 때 발생한 중국대사관에 대한 폭격은 왜 일어났는가를 정확히 알 수가 없다. 중국은 미국의 계산된 폭격이라 주장한 반면에 미국은 오폭이라 주장하였다. 계산된 폭격인지 단순히 실수에 의한 오폭인지는 미국의 국가기밀 문서가 해제된 이후에나 정확히 알 수 있을 것이다.

2. 인과관계의 설명 : 개념총괄

우리들이 역사의 연구에서 인과관계를 추구하는 것은 '무엇'이 '왜' 일어났는가를 합리적으로 설명하기 위해서이다. 역사가들은 어떤 사건을 설명할 때 그 사건을 특징짓는 일군의 사건이나 사정을 인과적으로 설명하여 그 사건을 전체적인 개념으로 총괄(Colligation)하고 있다. 총괄의 개념은 휴얼(William Whewell)이 자연과학적 연구방법론을 설명하기 위하여 사용했던 개념으로, 월쉬(W. H. Walsh)에 의하여 역사서술의 개념에 도입되었다.[6] 월쉬에 의하면 어떤 역사적 사건의 원인이 되는 사건들은 서로 긴밀한 관계로 연결되어 단일한 과정을 구성한다. 이 경우 원인이 되는 각각의 사건들은 하나의 전체인 그 역사적 사건의 단일한 과정의 일부분으로 서로 밀접한 연관을 갖으며 전체의 일부분에 속한다. 그러므로 역사가가 어떤 역사현상을 설명하는 것은 그러한 사건들 사이의 상관관계를 설명하여 전체적인 개념

6) 만델보옴, 『역사지식의 해부』, p. 172.

으로 총괄하는 것이다.7)

예컨대 우리들은 1789년 프랑스에서 구체제를 무너뜨리고 새로운 사회형태인 시민사회를 건설한 사건을 '프랑스 대혁명'으로 부른다. 그런데 그 같은 '프랑스 대혁명'의 원인은 서로 밀접히 연관되어 있는 삼부회의 소집, 테니스 코트의 서약, 바스티유 감옥의 함락 등 일군의 사건들로 구성되어 있다. 역사가들은 그 같은 일군의 사건들이 인과관계에 의하여 어떻게 연관되는가를 설명한 후 그 같은 사건들을 전체적으로 '프랑스 대혁명'이라는 개념으로 총괄한 것이다. 우리나라의 현대사에서 중요한 사건인 1960년 3월 15일의 제 4대 정·부통령 부정선거, 학생 및 시민의 군중시위와 유혈사태, 이승만 정권의 몰락 등을 '4.19 혁명'으로 설명하는 것도 개념총괄에 의한 것이다.

역사에서 무엇이 일어났는가를 설명하는 개념총괄은 월쉬의 표현에 의하면 저수준의 진술(low-level statements)을 고수준의 진술(high-level statements)로 요약하는 것이다. 그러나 후자가 필연적으로 전자를 수반하는 귀결은 아니라고 말한다. 고수준의 진술, 즉 개념총괄은 저수준의 진술들을 단순히 요약하는 것이 아니라 해석하는 것이기 때문이다.8) 예컨대 '4.19 혁명'이라는 고수준의 진술은 '정·부통령 부정선거', '군중시위와 유혈사태', '이승만 정권의 몰락' 등을 단순히 요약한 것이 아니라, 그 같은 저순준의 진술들을 해석하여 '혁명'이라는 보다 높은 차원의 개념으로 규정한 것이다.

---

7) 월쉬(W. H. Walsh), 『역사철학입문』(*Philosopy of History*), 이진표 역 (열음사 1987), pp. 21~2, 60~3.

8) W. H. Walsh, "Colligatory Concepts in History", *The Philosophy of History*, ed., Patrick Gardiner (Oxford University Press, 1974), p. 139.

그런데 역사적 현상에 대한 설명은 인과적인 관계의 맥락에 따라 총괄하여 설명하는 방법만이 있는 것은 아니다. 역사가들은 비교사의 관점을 통하여 역사현상에 대해 설명하기도 한다. 예컨대 중세 유럽에 존재했던 도시를 고대도시나 근대도시들과 비교하여 중세도시의 특징을 설명하고 더 나아가서 그 같은 특징의 원인이 무엇이었는가를 설명할 수 있는 것이다. 비교사에 대하여는 다음 장에서 자세히 살펴보기로 하고 이 장에서는 역사에서의 인과관계의 문제에 대하여 좀 더 논의해 보기로 하자.

3. 역사에서의 필연과 우연

역사가는 역사현상을 인과관계에 의해서 설명하려 한다. 그리고 그들은 어떤 사건을 '피할 수 없었던 일'이라거나 '불가피한 현상'으로 설명하곤 한다. 그렇다면 그들은 역사현상이 자연과학처럼 법칙적이며 필연적인 인과관계에 의해서 지배되는 것으로 생각하는가?

역사의 경우에도 자연과학과 마찬가지로 인과관계를 법칙으로 일반화해서 설명해야한다는 주장이 제기되기도 하였다. 이른바 포괄이론(subsumption theory)이 그것이다.

> 과학적 설명은 설명되는 것을 보편적인 경험법칙에 포섭함으로써 그것을 예측할 수 있게 하는 것이다. 이상적인 경우에는 이러한 포섭은 연역적인 패턴을 보여준다. 곧 설명되어야 할 일이 일어났다고 주장하는 진술은 경험적으로 검증된 어떤 일반 법칙과 함께 선행조건들을 말하는 진술로부터 논리적으로 연역될 수

> 있다는 것을 보여준다. … 칼 헴펠(Carl Hempel)은 이러한 입장에 대해 권위 있는 설명에서 다음과 같이 말한다. '역사적 설명은 문제가 되고 있는 사건이 우연한 일이 아니라 어떤 선행 조건, 또는 동시적인 조건 때문에 예견될 수 있었던 일임을 보여 주려고 한다. …'[9]

헴펠에 의하면 역사적 설명은 과학적 설명과 같은 데, 어떤 사건 E는 법칙 L에 의하여 선행조건(원인) A로부터 야기되는 것으로 설명된다. 선행조건 A를 알고 법칙 L을 알면 사건 E를 알 수 있고, 사건 E를 알고 법칙 L을 알면 선행조건 A를 추정할 수 있다. 따라서 법칙 L은 양 쪽 모두에 포괄되고 있다. 포괄이론은 역사적 사건의 원인-법칙-결과 사이의 관계를 마치 물리적 현상의 관계에서처럼 설명하려는 것이다. 즉, 원인과 결과 사이의 필연적인 관계를 상정하는 것이다. 카의 말처럼 모든 일에는 원인이 있고, 그 일이 다르게 일어났으려면 그 원인 또한 달라야 한다는 의미의 필연을 상정하는 것이다.[10]

그렇다면 역사적 사건이 그 같은 의미에서 필연성을 띄는가? 자연과학의 현상은 동일한 조건 하에서는 동일한 현상이 반복하여 일어날 수 있어 실험이 가능하다. 그러나 역사 현상은 인간의 의지가 개입하여 나타나는 현상이며, 그 같은 현상은 자연과학의 현상처럼 실험으로 재현이 가능하거나 또는 법칙적으로 설명되지도 않는다. 예컨대 영국혁명이 찰스 1세의 무능에서 야기되었고, 프랑스 대혁명이 루이 16세의 무능에서 야기되었다 하더라도, '혁명의 원인은 통치자의 무능에서 야기된다'라는 역

---

9) 드레이, 『역사철학』, pp. 16~7.
10) 카, 『역사란 무엇인가』, p. 141.

사의 일반법칙을 만들어낼 수가 없는 것이다. 또 역사는 과학처럼 가설을 검증하는 것을 목표로 하지도 않는다. 요컨대 역사적 사건은 자연과학의 사건과는 다르다.

그럼에도 역사가들은 종종 어떤 사건을 '피할 수 없었던 일'로 표현하여, 마치 그 사건이 필연적으로 일어난 것처럼 강조하고 있다. 그 경우 역사가가 말하고자 하는 바는 여러 가지 요인들이 매우 강력하게 합쳐져서 과거에 그 사건이 일어났으리라는 것을 충분히 예상할 수 있다는 것을 의미할 뿐이다. 이것은 헴펠이 포괄이론에서 제시하는 필연성이나 카가 정의하는 의미에서의 필연성을 의미하지 않는다. 역사적 사건들은 이미 지나가 버린 일들이고, 역사가는 사건이 실제로 일어난 다음이 아니면 그 사건을 '피할 수 없었던 일'이라고 표현하지 않는다.

그럼에도 우리들은 지나가 버린 '피할 수 없었던' 역사적 사건을 두고 '그렇지 않을 수도 있었는데', 혹은 '그렇지 않았더라면'이라고 표현하면서 아쉬움을 표현하는 경우가 있다. 그런 경우는 거의 대부분 현대사에 관한 것으로, 우리의 생활에 어떤 영향을 미치고 있는 사건들인 경우가 대부분이다. 우리는 6·25 전쟁에 대하여는 '피할 수 없었던가?'라고 아쉬워하나 신라와 백제의 황산벌 싸움에 대하여는 '피할 수 없었던가?'라고 생각하지 않는다. 황산벌 싸움은 너무나 오래 전의 일이라서 우리 모두 담담하게 받아들일 수 있으나, 6·25 전쟁은 그 피해의 고통이 현재에도 계속되고 있어 우리들은 6·25 전쟁이 일어나지 않았기를 바라는 마음이나 또는 6·25 전쟁에 대한 분노나 아쉬움을 드러내고 있는 것이다. 이 같은 이유로 우리들은 역사를 읽을 때 우리들의 마음에 더 맞는 일들이 일어났었다면 하는 상상과 그로 인한 아쉬움 속에서, 역사적 사실을 담담하게 기술하는 역사가에게 분통을 터뜨리기도 한다. 달리 선택할 수 있던 길이 열려 있던 때를 생생이 기억하고 있는 사람들에게 그들의 마음에 맞지 않는 사건이 일어나 다른 길이 막혀 버렸을 때, 역사가의 담담한 태도가 수용되기 어렵기 때문이다. 그러나 이는 카의 표현대로 '아쉬움을 품는 풍조'일 뿐 역사적인 태도라고 볼 수는 없다.[11)]

우리들은 역사에서의 필연과는 반대로 역사에서의 '우연'을 말하기도 한다. 역사가들은 우연을 어떤 의미로 사용하고 있는가? 우리들은 자연과학에서는 우연이란 말을 사용하지 않는다. 예를 들어 갑이라는 사람이 우연히 교통사고로 죽었다고는 말하지만, 눈이 우연히 내렸다고 말하지는 않는다. 오늘날 사람들은 눈이 내리는 원인을 분명히 알고 있어서 더 이상 눈이 내리는 것을 우연적인 현상으로 생각하지 않는다.

그러나 인간 사회의 현상에는 인간의 사고와 의지가 개입하므로 어느 특정한 현상과 관련되는 인과관계는 너무나 많다. 역사가는 그 많은 인과관계 가운데에서 역사적으로 중요하다고 생각하는 것들만을 가려 뽑아 역사적 사실의 설명에 사용한다. 물론 선택은 인과의 사슬을 얼마나 합리적으로 설명할 수 있는가의 여부에 달려있다. 만약 어떤 인과관계가 역사적 사건을 합리적으로 설명하지 못하는 것으로 판명되면 그것은 무시될 수밖에 없다. 사건의 설명에 소용이 되지 않기 때문이다. 물론 사건을 합리적으로 설명하지 못하여 무시되는 인과관계 속에는 역사가가 그 사건 발생의 합리성을 모두 찾아내지 못하여 무시되는 것도 있을 수 있다. 어쨌든 우리는 사건에 대한 합리적인 인과관계를

---

11) 카, 『역사란 무엇인가』, pp. 147, 149.

설명할수 없을 때 그 사건이 우연이 발생하였다고 말하는 것이다.

예를 들어 갑의 교통사고를 가지고 좀 더 자세히 설명해 보자. 갑이 어느 날 자신의 원 룸 아파트에서 혼자 술을 마시다 갑자기 담배가 피우고 싶어졌다. 그래서 큰길을 가로질러 슈퍼마켓으로 담배를 사러가다가 마침 달려오던 승용차에 부딪쳐 교통사고를 당하였다. 이 때 갑의 교통사고의 원인은 무엇인가? 우리는 교통사고의 원인을 갑이 건널목이 아닌 큰 도로를 무단횡단 했다던가, 운전사가 과속을 했다던가, 또는 도로의 노면상태가 미끄러워 승용차의 제동이 제대로 안됐다던가 등으로 말할 것이다. 실제로 교통순경이 사고조사를 할 경우에도 그런 원인들을 분석해서 사고처리를 할 것이다. 그런데 갑은 왜 도로를 건넜는가? 담배를 사러가기 위해서였다. 그러면 담배를 사러간 것이 교통사고의 원인인가? 교통순경은 담배를 사러 간 것을 교통사고의 원인으로 생각하지 않는다. 무단횡단, 과속, 노면상태 불량 등은 교통사고의 원인을 합리적으로 설명해 주나, 담배를 사러간 사실은 그 사고를 합리적으로 설명해주지 않기 때문이다. 교통순경은 이 점을 기준으로 삼아 교통사고의 합리적인 원인과 우연적인 원인을 구별한 것이다.

역사에서도 마찬가지다. 합리적인 원인은 다른 시대와 다른 나라, 그리고 다른 상황에서도 잠재적으로 적용할 수 있는 것이다. 그래서 유용한 일반화가 가능하고 우리들은 그러한 일반화에서 교훈을 얻어낼 수 있다. 그러나 우연적인 원인은 일반화가 될 수 없으며, 또 아무런 교훈도 주지 못한다. 앞에서 예를 든 교통사고의 경우 도로의 무단횡단이나 과속은 교통사고를 일으킬 수 있다는 일반화가 가능하나, 담배를 피면 교통사고를 당한다는 일반화는 불가능하다.

요컨대 역사에서 우연이란 그 사건을 합리적으로 설명해주는 인과관계를 알지 못하는 것을 의미한다.

4. 역사설명의 종류

역사가는 사건의 원인을 밝히고 그것을 설명한다. 설명은 말로도 가능하나 대부분은 글로 이루어지고 있다. 그런데 역사현상을 설명하는 글이 반드시 인과적 문장으로만 이루어지는 것은 아니다. 역사가가 사용하는 설명의 방법은 문학가와 철학자들처럼 묘사적인 방법이나 개념설명의 방법 등을 모두 사용할 수 있다. 또 그 같은 방식들은 하나나 둘, 또는 그 이상을 결합하는 형식을 취할 수 있다.[12)]

1) 묘사적·서술적 방법

보통의 역사서를 살펴보면 역사적 사건이나 사실을 마치 소설의 내용처럼 묘사하거나 서술하는 경우가 있다. 소설의 이야기와 마찬가지로 역사의 서술도 시작과 끝이 있고, 줄거리도 있고 주역도 있다. 이 경우 사건의 묘사는 밋밋할 수도 있고, 박진감 넘칠 수도 있다. 이 방법의 역사서술에는 대체로 사건의 원인 분석이나 증거제시가 결핍되어 있는 경우가 많다.

---

12) 만델보옴은 역사에서 사용하는 설명의 방법을 계기적 서술, 설명적 서술, 해석적 서술로 나누어 설명하고, 그 같은 방법들이 서로 결합되어 사용된다고 설명하고 있다. 만델보옴, 『역사지식의 해부』, pp. 28~43; 베른하임, 『사학개론』, pp. 194~98 참고.

2) 개념적 설명의 방법

역사적 설명을 하면서 정의, 개념 분석, 일반화 등에 흔히 사용하는 방법이다. 이 경우 역사가의 서술 태도는 철학자나 사회학자와 비슷하다. 철학이나 사회과학의 용어와 개념, 방법을 채택하여 설명하기 때문이다.

3) 분류·비교의 방법

역사적 사건을 비슷하거나 상이한 것과 서로 비교하여 설명하는 것이다. 이를 위해서는 비슷한 것끼리 유형화가 필요하다. 비교에 의한 설명은 문화권 사이의 비교에서도 가능하고 문화권 내의 작은 유형들 사이에서도 가능하다. 이 설명의 방법은 20세기 이후 비교사의 방법으로 연구되고 있다.[13]

4) 인과적 설명의 방법

역사서술에서 사건이나 사실이 왜 일어났는가를 설명하는 방법이다. 역사서술이 왜, 어째서 등으로 시작하는 경우가 많다. 그러나 역사서술에서 인과관계는 자연과학의 현상을 설명하는 것과 같은 법칙적 엄밀성이나 필연성은 없다.

5) 교훈적 서술의 방법

역사서술을 통해서 독자들에게 도덕적 각성이나 인생의 교훈

---

13) 본문 제10장 참고.

을 얻게 할 수도 있다. 이 경우 서술은 윤리와 도덕의 강의나 경험담과 같은 방식은 아니다. 오히려 사실의 객관적인 서술을 통해서 독자들이 스스로 판단하게 하는 간접적인 방식이다.

제10장
:
비교사

제9장에서 설명한 바와 같이 역사에서 무엇이 왜 일어났는가를 설명하기 위하여 역사가들은 일반적으로 인과적 설명의 대상이 되는 저수준의 진술들을 해석하여 고수준으로 총괄하는 방식을 사용한다. 그러나 역사에서 무엇이 왜 일어났는가를 설명하는 방식은 개념총괄의 방식만이 있는 것은 아니다. 역사가들은 역사현상의 사례들을 수집하여 종합하고 그들 사이를 비교하여 유사성과 상이성을 밝히고, 그 같은 원인을 구명하는 비교사를 통해서도 역사현상을 설명하고 있다. 그렇다면 이 같은 비교사의 역사연구방법은 언제부터 시작되었으며, 그 구체적인 방법은 무엇인가?[1)]

---

1) 비교사에 대한 일반적인 내용은 다음의 글들을 참고할 것. 양병우, "비교", 『역사의 방법』, pp. 133~51; 차하순, "비교사의 기원과 방법", 『현대의 역사 사상』, pp. 241~93; 배러클로우, "비교사", 『현대역사학의 추세와 방법론』, pp. 256~68.

1. 비교사의 기원

비교사가 하나의 역사연구방법으로 제창되기 시작한 것은 1920년대이나, 역사연구에서 그 같은 방법을 적극적으로 수용하기 시작한 것은 1960년대에 이르러서였다. 비교사의 방법이 역사학계에 처음 제시된 것은 1923년 브뤼셀에서 개최된 제5차 국제역사학대회에서 피렌느(Henri Pirenne, 1862~1935)에 의해서였다. 피렌느는 1차 대전 이후 민족적인 대립과 국가 우위의 풍토 속에서 좁은 민족사적 성격을 탈피하기 위하여 역사연구를 공간적·시간적으로 확대한 비교사 연구의 필요성을 제안하였다. 당시의 지나친 자기 민족 중심적인 역사연구는 '두더지가 파놓은 흙덩이를 산이라고 믿는' 우를 범할 수도 있는 분위기였다.

피렌느의 비교사 연구방법에 가장 큰 영향을 미친 학자는 람프레히트(Karl Lamprecht, 1856~1915)였다. 무엇보다도 피렌느는 람프레히트의 역사학과 사회과학의 연합 강조와 개체들 사이의 비교분석을 통한 문화사의 개념 등에서 영향을 받았다. 피렌느의 역사연구는 대부분 비교사적 시도였는데, 사학사적으로 두드러진 저술들을 많이 남겼다. 대표적인 것으로 『중세도시』(1925)와 「모하메드와 샤를마뉴」(1935)를 들 수 있다.[2] 『중세도시』는 저지대 도시들과 서유럽 및 북유럽 도시들의 특징과 개념을 비교·연구한 것이며, 「모하메드와 샤를마뉴」는 지중해 문명의 연속성과 단절성을 비교하여 중세의 시작을 8세기 이슬람의

---

2) Henri Pirenne, *Medieval Cities*, trans. by Frank D. Halsey (New York, 1956), 강일휴 역, 『중세 유럽의 도시』(신서원 1997) 참조; "모하메드와 샤를마뉴", 『서양중세사 연구』(*The Middle Ages: Readings in Medieval History*, B. 타이어니(B. Tierney) 엮음, 박은구 외 옮김(탐구당 1987), pp. 61~77.

침공으로 제시하여 많은 논란을 일으킨 논문이다.

피렌느의 뒤를 이어 비교사학의 진정한 기초를 세운 역사가는 블로크였다. 블로크는 사회학자 뒤르껭(Emile Durkheim, 1858～1917)과 언어학자 메이에(Antoine Meillet, 1866～1936) 등의 영향을 많이 받았다. 블로크의 관심은 사회학이나 언어학뿐만 아니라 지리학, 집단심리학 등 광범위한 분야에 미쳤지만, 특히 메이에의 비교언어학으로부터 비교사의 방법론에 대해 많은 시사를 받았다. 블로크의 비교사학은 종합과 비교에 의해서 이루어졌는데, 이 방법을 이용하여 그는 『기적을 행하는 왕』(1924), 『프랑스 농촌사의 기본성격』(1931), 『봉건사회』(1939～40) 등과 같은 탁월한 업적을 남겼다.[3] 『기적을 행하는 왕』에서 블로크는 중세 시대에 영국과 프랑스의 왕이 연주창(連珠瘡)을 고칠 수 있다는 왕권의 초자연적 힘에 대한 민중들의 믿음을 고찰하기 위하여 인류학적 자료를 광범위하게 고찰하고 18세기와 19세기의 관습까지도 조사하였다. 이 글에서 블로크는 왕권에 대한 일반 민중들의 집단심리를 분석하여 페브르(Lucien Febvre, 1878～1955)와 더불어 이른바 '심성사'의 초기 연구자로 평가되고 있다.[4] 『프랑스 농촌사의 기본성격』은 프랑스 각 지역의 농업에 대해 비교·분석한 책이다. 비교대상의 사례들에 대하여 하나하나 자세히 분석한, 통시적 협역 비교사에 대한 하나의 훌륭한 보기이다. 『봉건사회』에서 블로크는 하나의 사회형태로서 봉건사회의 개념을 규정하고, 비교사적 관점에서 일본의 봉건

---

3) 블로크(Marc Bloch), 『프랑스 농촌사의 기본성격』(*Les Caracteres Originaux de l Histoire Rurale Francaise*), 김주식 역(신서원 1994); 『봉건사회, I, II』(*Feudal Society*), 한정숙 역(한길사 1986).

4) 김응종, 『아날학파』(민음사 1991), pp. 63～5; 김응종, "심성사의 여러 모습", 안병직 외, 『오늘의 역사학』(한겨레신문사 1998), pp. 79～131.

제도에 대하여 언급하고 있다.[5)]

전체적으로 보아 블로크는 역사적 현상들에 대하여 자세히 조사한 후 그를 종합하고 비교하여, 연구대상의 역사적 현상들에 대한 유사성과 상이성을 밝히고 더 나아가서 그 현상들의 진정한 원인을 밝히려 노력하였다.

그러면 비교사의 유용성은 무엇이며, 또 구체적인 연구는 어떻게 진행되는가에 대하여 좀 더 자세히 알아보자.

2. 비교사의 유용성

비교사 연구는 왜 필요하며 그 유용성은 무엇인가에 대한 답은 비교사가 무엇을 구명하려는가에서 대체로 짐작할 수 있다. 비교사를 통하여 연구하려는 주요 문제는 상이한 사회적 환경 속에서 어떻게 유사한 현상들이 나타났으며 그 원인은 무엇인가와, 또 유사한 환경 속에서 상이성은 왜 나타났으며 그 원인은 무엇인가이다. 달리 말하면 비교사는 비교 가능한 비교단위 사이의 상이성과 유사성을 비교함으로써 역사현상에 대한 진정한 원인들을 밝혀내기 위한 연구작업인 것이다. 포스탄(M. M. Postan)의 지적처럼 이제 역사가들은 비교사를 지향하지 않을 수 없게 되었다. 단 하나의 구체적인 사실로부터 일반화를 도출하는 것은 불가능하기 때문이며, 그 경우 그 같은 사실에 대한 설명은 비교사적인 방법에 의존하지 않을 수 없기 때문이다.[6)]

---

5) 블로크, "비교사적 단면도", 『봉건사회, II』, pp. 259~61.

6) M. M. Postan, *Fact and Relevance: Essays on Historical Method* (Cambridge University Press, 1971), p. 149.

이와 같은 비교사에 대하여 우리들은 그 유용성을 다음과 같이 좀 더 자세히 설명할 수 있다.[7)]

첫째, 비교사를 통하여 우리는 역사적 현상의 원인이나 상관관계를 밝혀낼 수 있다. 비교되는 서로 다른 사회 속에서 유사한 현상을 발견했을 경우, 역사가는 상호비교를 통하여 그 현상의 원인과 그 현상들 사이의 상관관계를 밝혀낼 수 있다. 말하자면 유사성과 상이성의 원인을 해석해 낼 수 있는 것이다.

예컨대 프랑크 왕국의 카롤링 왕가와 교회와의 관계는 메로빙 왕가와 교회와의 관계와 전혀 다른 모습을 보여주고 있는데, 블로크에 의하면 이는 서고트 왕국과 교회와의 관계에서 보여주는 비교를 통하여 그 원인을 알 수가 있다. 블로크에 의하면 메로빙 왕가는 교회에 대하여 평신도적 입장을 벗어나지 않았던 반면 카롤링 왕가는 교회를 왕의 지배하에 두고자 하였다. 즉, 카롤링의 왕들은 즉위 후 곧 도유식(塗油式)을 거행하여 성별(聖別)되었으며, 그 결과 지상에서 신의 대리자로 자임하여 왕이 소집한 회의는 종교회의와 다름없었다. 메로빙 왕조에서는 그 같은 일이 전혀 없었으므로, 카롤링 왕국에서 무(無)로부터 창조된 것으로 보인다는 것이다. 그러나 피레네 산맥 너머 서고트 왕국에서는 7세기에 이미 왕들이 성스런 도유식을 치르고 있었으며, 정치회의와 종교회의의 구분이 없었다. 여기서 블로크는 카롤링 왕국에 대한 서고트 왕국의 영향관계를 통하여 카롤링 왕국과 교회와의 관계에 대한 원인을 알아낼 수 있었다.

---

7) 무어(B. Moore, Jr.), 『독재와 민주주의의 사회적 기원』(*Social Origins of Dictatorship and Democracy: Lords and Peeasant in the Making of the Modern World*), 진덕규 역(까치 1985), pp. 7~8; 차하순, 『현대의 역사사상』, pp. 268~76.

더 나아가서 블로크는 서고트 왕국과 카롤링 왕국 사이의 차이점도 아울러 밝혀 두 왕국의 독자성도 밝혀내고 있다.[8)]

유럽의 근대혁명을 분석한 브린튼(Crane Brinton)의 『혁명의 해부』(1952)나 산업혁명의 제단계를 설명한 로스토우(W. W. Rostow)의 『경제성장의 제단계』(1960) 역시 비교를 통한 원인 분석의 훌륭한 예이다.[9)] 요컨대 우리들은 비교사의 방법을 통하여 상이한 환경 속에서 유사하면서도 상이한 현상에 대한 원인을 밝혀 낼 수 있는 것이다.

둘째, 비교사를 통하여 우리는 설명가설을 검증할 수 있다. 역사가들은 비교사의 방법을 통하여 특정한 가설이 보편적으로 적용될 수 있는지를 확인할 수 있다. 예컨대 어떤 역사가가 어느 한 사회에서 A라는 현상이 발생했을 때 그 같은 발생 조건을 B라고 단정하여 가설을 세웠을 경우, 우리들은 비교사를 통하여 그 가설의 타당성을 검증할 수 있다. 만약 가설과 모순된 사례가 발견된다면 그 가설은 폐기되거나 수정되지 않으면 안된다. 역사가는 특정 가설에 대하여 사례연구를 통한 검증과 수정, 그리고 재검증과 재수정의 과정을 통하여 정확한 설명에 도달하게 되는 것이다. 가설검증을 위한 비교사 연구의 대표적인 예는 피렌느의 「모하메드와 샤를마뉴」를 들 수 있다. 이 논문은 8세기 중엽 프랑크 왕국의 메로빙 왕조가 카롤링 왕조로 교체되고 봉건제가 성립된 이유는 이슬람에 의한 지중해 무역의 단절에 있다는 피렌느 자신의 가설을 입증하기 위해 연구된 것이

---

8) 양병우, 『역사의 방법』, pp. 139~140.

9) 브린튼(Crane Brinton), 『혁명의 해부』(*The Anatomy of Revolution*), 차기벽 역(문명사 1982); 로스토우(W. W. Rostow), 『경제성장의 제단계』(*The Stages of Economic Growth*), 이상구·강명규 역(법문사 1969).

었다.10)

셋째, 비교사를 통하여 우리는 역사현상의 모델을 설정할 수 있다. 역사에서 가설의 검증작업은 개념이나 모델의 설정과 긴밀한 연관이 있다. 예컨대 비교사의 기초를 세운 피렌느는『중세도시』에서 중세도시의 특성과 기원을 고찰한 후, 중세도시에 대한 개념을 정의하고 있다. 피렌느는 중세도시의 특징을 마치 한장 한장의 사진을 겹쳐 놓아 모두에게 공통되는 것이기는 하나 어느 것에도 꼭 들어맞는 것은 아닌 하나의 추상적인 이상형을 제시하고 있다.11)

이와 같이 비교사는 광범위하게 수집된 사례들을 서로 비교한 후 그 중복된 특성을 추출하여 일반적인 공통성에 도달할 수 있다. 개별적인 사례들에서 추출된 일반적인 공통성은 결국 개별현상들의 특성을 대표하는 하나의 모델이 되는 것이다. 블로크 역시 비교사의 방법을 통하여 봉건제의 개념을 세우고 있다.『봉건사회』에서 블로크는 봉건제를 하나의 사회유형으로 보고 농민층의 종속, 봉사보유지, 전사계급의 우위, 사람들 사이의 복종과 보호의 유대관계, 권력의 세분화 등이 지배적인 사회로 규정하였다. 더 나아가서 블로크는 이처럼 규정된 서유럽 봉건제의 모델을 가지고 일본의 봉건제를 비교하고 있다.

넷째, 비교사를 통하여 우리는 개별적 역사현상의 특성을 더 명확히 부각시킬 수 있다. 다시 말하면 비교사는 비슷한 다른 역사현상과의 비교를 통하여 개별 현상 각각의 특징을 명확히 밝혀줄 수 있는 방법이다. 그것은 비교사의 방법을 통하지 않으면 특정한 현상이 조사대상의 사회에만 국한 된 것인지 혹은 그

10) 피렌느, "모하메드와 샤를마뉴", pp. 61~77.
11) Pirenne, *Medieval Cities*, p. 150.

보다 훨씬 더 광범위한 현상인지 알 수 없으며, 또 다른 사회에 존재하는 현상과 어떻게 다른지를 알 수가 없는 것이다. 이 같은 연구의 실례로 우리는 프랑스 농촌사를 연구한 블로크의 저서를 들 수 있는데, 블로크는 프랑스 농촌사의 성격을 파악하고 그것이 전체 유럽과 비교해서 어떤 특징이 있는가를 밝혀내기 위하여 『프랑스 농촌사의 기본성격』을 저술하였다.

3. 비교사의 조건

비교사 연구가 그 목적을 달성하기 위해서는 다음과 같은 조건들이 충족되어야 한다.

첫째, 비교의 단위가 적절히 설정되어야 한다. 비교의 전제조건이 만족되어야만 우리가 비교하려는 것이 타당성이 있고 또 비교할 가치가 있기 때문이다. 적절한 비교의 단위는 타당한 공통성이 함께 묶일 수 있는 것이어야 한다. 우리들이 역사에서 비교하는 대상들은 흔히 제도나 문화, 사상이나 사건 등이다. 즉, 인류가 형성한 사회 속의 사건이나 문화현상들이 비교의 대상인 것이다. 이들 비교 단위가 같아야만 상호비교가 의미를 가질 수 있다는 것은 당연하다. 그런데 많은 경우 비교단위의 선택은 역사연구에서의 개념정의와 밀접한 연관을 갖는다. 예컨대 봉건제에 대한 개념이 정의가 되지 않으면 서유럽 봉건제와 일본의 봉건제를 적절히 비교하여 그 유사성과 상이성을 설명할 수가 없는 것이다. 따라서 역사가들이 개념을 정의한 후 그것을 비교단위로 설정했을 경우, 그것은 역사가들 사이에 합의된 개념이거나 또는 이른바 베버의 이상형과 같은 것이 될 것이다.

둘째, 블로크가 제시하는 바와 같이 비교되는 사례들 사이에 유사성과 동시에 상이성이 있어야 한다. 이는 비교사의 대상들이 발생한 환경이 다소간 달라야 한다는 것을 의미한다. 그래야만 비교의 대상이 되는 역사적 사실이 그 객관적인 발생조건에서는 서로 다르지만 유사한 특성을 나타낼 수가 있기 때문이다. 만약 상호간의 차이가 비교의 초점이 될 경우에는 같은 유형에 속하는 현상들을 하나로 묶어서 서로 비교하여야 한다. 예컨대 중세시대 북유럽의 도시와 남유럽의 도시들을 비교할 경우, 북유럽의 도시들을 하나의 유형으로 파악하여 남유럽의 도시와 비교하여 양 유형 사이의 유사성과 상이성을 밝혀내야 하는 것이다.

셋째, 비교단위는 상호간의 관계로부터 의미 있는 일반화가 도출될 수 있도록 설정되어야 한다. 그러기 위하여 연구자들은 시간과 공간의 두 차원을 고려하여 비교단위를 설정해야 한다. 피렌느의 말대로 역사가의 주제는 시·공간에서 이루어진 인간사회의 발전과정이기 때문이다. 여기서 우리는 종적인 시간적 비교와 횡적인 수평적 비교가 비교사의 두 축인 것을 알 수 있다.

4. 광역비교와 협역비교

시간과 공간을 비교의 기준으로 삼았을 때 우리들은 비교사의 유형을 다음과 같이 크게 나눌 수 있다. 우선 공간적으로 멀리 떨어진 지역을 포함하는 광역(廣域)비교와 인근의 좁은 지역내에서 비교하는 협역(狹域)비교를 생각해 볼 수 있고, 여기에 각각 시간을 축으로 하는 동시대적인 비교와 통시대적인 비교

를 대응시켜 볼 수가 있다.12)

첫째, 광역비교는 지리적으로 멀리 떨어져 있어 문화적으로 서로 영향을 미치지 않은 사회들 사이를 비교하는 것이다. 이 경우 나타나는 유사성은 공통의 기원이나 상호영향의 관점에서 설명될 수 없는 것으로, 비교의 단위가 하나의 문화와 다른 문화 사이 또는 하나의 사회와 다른 사회 사이가 되어, 문화간 비교나 사회간 비교가 될 것이다. 또 여기에 대응되는 시간적 차원을 생각해보면 대체적으로는 동시대적인 비교보다는 통시대적인 비교가 일반적이다. 말하자면 장기간에 걸친 변화 속에서 조건을 달리하는 서로 다른 사회 속에서 발생한 유사한 유형의 현상을 비교·분석하는 것이다. 실제로 역사가들은 광역의 통시적 비교를 통하여 다수의 훌륭한 성과를 이루고 있다.

예컨대 프레이저(J. G. Frazer)가 로마 사회와 미개사회를 비교하여 로마 남쪽의 네미(Nemi) 호반에 있던 다이아나(Diana) 신전 사제직에 관한 수수께끼를 푼 것을 들 수 있다. 네미 호반의 다이아나 사제는 여성으로서 그는 성역인 참나무 숲의 왕으로 불리었다. 그런데 괴이하게도 그 직은 사제를 죽인 사람이 차지하는 관습이 있었다. 그래서 사제는 겨우살이(황금가지)가 기생한 한 나무를 지키면서 그 자신의 지위와 생명을 보전하기 위하여 밤낮으로 칼을 든 채 경계를 게을리하지 않았다는 것이다. 로마 제정시대의 문헌들은 그러한 사실들을 단편적으로 전하고 있을 뿐, 그런 관습이 본래 어떤 의미를 지녔던 것인지를 전하지 않고 있다. 또 그런 관습이 고전고대에 유래가 없어 그 의미를 알 수가 없었다. 그래서 프레이저는 그것과 유사한 관습

12) 양병우, 『역사의 방법』, pp. 133～51; 양병우, 『역사논초』(지식산업사 1987), pp. 65～82.; 차하순, 『현대의 역사사상』, pp. 276～88.

을 찾기 위하여 동서고금의 미개사회를 섭렵하며 다음과 같이 생각하였다.

> 만일 우리가 네미의 사제직에 관한 것과 같은 야만스런 관습이 다른 세계에서도 있었다는 것을 제시할 수만 있다면, 또 만일 그와 같은 제도를 만들어낸 동기를 찾아낼 수 있다면, 다시 또 그 동기가 모든 인간 사회에 작용하여 갖가지 다른 환경 속에서도 대동소이한 제도를 만들어냈다는 것을 설명할 수 있다고 하면, 끝으로 또 그러한 동기 그 자체가 그것을 만들어 낸 제도 몇 가지와 함께 고대 그리스나 로마에도 작용하고 있었다는 것을 증명할 수가 있다면, 동기들을 알 수 없는 네미의 사제직을 제정한 이유를 비로소 명확하게 결론지을 수 있을 것이다.[13)]

프레이저가 밝힌 바에 의하면 미개사회의 사람들은 주술이나 마술이 자연력을 지배하는 것으로 생각하였다. 그래서 특히 비를 내리게 하는 주술사가 신망과 경외의 대상이 되어 최고의 권좌에 올라 추장이나 왕이 되기도 하였다. 그 반면에 그가 비를 내려서 가뭄과 기근을 막지 못하면 그것은 그가 잘못한 탓이므로 처벌이 되었다. 아프리카에서는 그런 추장은 흔히 추방되거나 살해되었다. 이처럼 프레이저는 미개사회의 관습과 그 관습의 동기들을 추적하여 사제로서의 왕을 살해하거나 추방하는 제도가 생긴 원인을 밝혀내고 있다. 이것으로 네미 호반의 사제직 수수께끼가 모두 풀린 것은 아니나, 그 수수께끼를 푸는 주요한 열쇠의 일부를 획득했음은 부인할 수 없다.

광역비교에 대한 최근의 성과는 서유럽의 봉건제를 기준으로

---

13) 프레이저(James George Frazer), 『황금가지』(*The Golden Bough*), 김상일 역(을유문화사 1983), pp. 30～1.

중국, 일본, 메소포타미아, 이집트, 인도까지 상이한 지역과 시기를 비교한 쿨본(Rushton Coulborn)의 『봉건제의 이해』(1965)를 들 수 있다. 또 파시즘이나 공산주의를 세계사적 차원에서 다룬 무어의 『독재와 민주주의의 사회적 기원』도 들 수 있다. 그런가 하면 프랑스혁명, 러시아 혁명, 그리고 중국혁명을 비교·분석한 크레인 브린튼의 『혁명의 해부』나 스카치폴(Theda Skocpol)의 『국가와 사회혁명』(1979)도 광역비교사의 훌륭한 보기이다.[14)]

둘째, 협역비교는 지리적으로 인접해 있어 역사적으로나 문화적으로 서로 영향을 미친 사회들 사이의 비교를 말한다. 이 경우 서로 비교되는 사회들은 모두 하나의 커다란 문화권에 속해, 비교되는 사회현상이나 사건들에 공동의 큰 원인과 더불어 부분적으로 상이한 원인들이 작용하고 있다. 달리 말하면 비교대상은 큰 범위에서 하나의 문화권에 속하는 조금씩 상이한 현상들이다. 예를 들어 블로크는 프랑스 농촌사의 특징을 유럽적인 특징 속에서 밝혀보려는 노력으로 『프랑스 농촌사의 기본성격』을 서술하였다.[15)] 이 연구에서 블로크는 프랑스의 농업적 특성을 파악하기 위하여 먼저 프랑스 각 지역의 농업형태를 프랑스 전체의 특성과 비교하여 알아보고, 이를 다시 전 유럽적인 특성과 대비하고 있다. 이는 프랑스 농업의 독특한 발전과정을 이해하기 위해서는 프랑스 농업을 전체적으로 보고, 더 나아가

---

14) 러시톤 쿨본(Rushton Coulborn) 편, 『봉건제의 이해』(*Feudalism in History*), 김동순 역(민음사 1996); 무어, 『독재와 민주주의의 사회적 기원』; 브린튼, 『혁명의 해부』; 테다 스카치폴(Theda Scocpol), 『국가와 사회혁명』(*State and Social Revolution- A Comparative Analysis of France, Russia and China*), 한창수·김택현 역(까치 1983).

15) 블로크, 『프랑스 농촌사의 기본성격』.

서 이를 유럽 전체의 농업과 대비하여 비교·분석할 때 분명히 드러나기 때문이었다.

협역비교는 큰 범주에서 문화적으로 동질적인 사회 내에서의 비교이다. 달리 말하자면 협역비교는 광역비교에 비하여 지리적으로 인접한 지역들 사이의 비교이며 시간적으로도 대체로 동시대의 비교가 대부분이다. 그러므로 서로 인접한 지역에 위치하며 동시대에 문화적으로 상호영향을 주고받는 동시대성과 인접성으로 인하여, 비교의 전망을 더 확실하게 예견할 수도 있다. 예컨대 프랑스의 인클로져에 대한 블로크의 연구를 들 수 있다. 영국은 16세기에서 19세기 사이에 인클로져 운동이 활발하였다. 그런데 농촌에 구조적인 변화를 가져온 인클로져가 블로크가 연구할 당시만 하더라도 영국 외에는 알져져 있지 않았다. 그렇지만 블로크는 근대 영국과 프랑스의 농업사회를 비교할 때 양국은 유럽 농촌사회라는 하나의 커다란 문화권에 속하므로, 영국의 인클로져 운동이 프랑스에서도 발견될 수 있을 것이라고 생각하였다. 그리하여 블로크는 프랑스 농촌을 연구하여 남부의 프로방스 지방의 경우 이미 15세기부터 유사한 운동이 있었던 것을 추적하고 있다.[16]

그런데 일부 연구자들은 협역비교사는 진정한 의미의 비교사가 아니라고 생각한다. 그들의 견해에 따르면 동일한 서유럽에 속하는 프랑스와 영국을 비교한다는 것은 해석상의 편의수단일 뿐이다. 진정한 비교사는 개별사회가 지닌 특징이나 성격을 하나하나 밝히고 동시에 그것의 사회과학적인 일반화가 가능해야 한다는 것이다.[17] 이들의 주장은 비교단위의 지리적 범위를 어

16) 차하순, 『현대의 역사사상』, pp. 283～84.

17) 예컨대 배러클로우는 보편타당한 비교사의 단위는 단일한 지리적 지역이

떻게 설정할 것인가에 대한 문제로 아직도 정확한 결론을 내릴 수가 없는 미묘한 문제로 남아 있다.

그렇지만 비교사의 지리적 범위에 대한 문제는 광역비교인가 협역비교인가에 너무 집착할 필요가 없을 것 같다. 왜냐하면 비교사의 공간적 문제는 비교단위 그 자체보다는 비교되는 현상이 무엇인가에 따라 좌우될 것이기 때문이다. 따라서 비교사의 지리적 범위를 서로 다른 상이한 문화권 사이로 한정될 필요는 없다. 이 문제에 대하여 블로크는 비교사의 지리적 범위를 "외부적으로가 아니라 내부적으로 결정되는 그것의 고유한 지리적 테두리"[18]로 설명하고 있다. 블로크에 의하면 비교단위가 되는 사회의 지리적 경계선은 외부적으로 정해진 국경선을 의미하지 않는다. 그것은 비교의 대상이 되는 현상이 펴져 있는 범위가 그 지리적 범위이며, 그것이 곧 내부로부터 결정되는 그것의 고유한 지리적 테두리이다. 그러므로 비교사의 공간적 문제를 결정하는 것은 인위적인 지리적 구분이 아니라 비교되어야 할 현상 그 자체라 할 수 있다.

나 문화집단을 초월해야 한다고 보고 있다. 그는 블로크가 『봉건사회』에서 서유럽 이외의 지역에 대하여는 일본에 대하여 단 한번 잠깐만 눈길을 주었기 때문에 봉건제가 서유럽에만 특유한 제도인지 혹은 보편적인 사회제도인지에 대하여 건드리지 못하였다고 비판하고 있다. 배러클로우, 『현대역사학의 추세와 방법론』, p. 259.

18) 블로크, "유럽 사회의 비교사를 위하여", 『아날학파의 역사세계』, 김응종 (아르케 2001), pp. 151~52.

5. 비교사의 한계와 유의점

비교사의 목적은 역사적 사례의 상호비교를 통하여 지역사나 국가사의 편협성 문제를 극복하고, 역사적 현상이나 사건의 진정한 원인을 구명하는데 있다. 실제로 19세기말이래 역사가들은 인류학과 민속학 등의 성과에 힘입어 그 뜻을 알지 못하던 오래된 관습과 제도들을 해명하는데 성공하고 있다.

그러나 비교사를 통하여 역사의 인과관계가 모두 밝혀지는 것은 아니다. 특히 통시적 광역비교의 방법을 통해서도 역사적 현상의 인과관계를 전혀 알 수 없는 것도 있다. 네미의 사제직에 대한 비밀이 풀리려면 프레이저가 제시한 가정들이 모두 밝혀진 이후에만 가능하듯이, 오래된 역사적 사례들의 원인이 밝혀지기 위해서는 아직도 선결되어야할 가정들이 미해결인 채 남아있는 경우가 많기 때문이다.

비교사가 역사연구의 중요한 한 방법이기는 하나 비교사를 통한 연구수행에는 큰 주의가 요구된다. 무엇보다도 중요한 문제는 비교의 타당성이다. 상이한 두 사회의 유사한 현상이라 해서 무조건 비교사의 대상은 아니다. 비교할 수 없는 것, 비교할 가치가 없는 것을 비교해서는 의미가 없다. 예컨대 영국과 한국의 농업구조를 비교하는 것은 의미가 있으나, 계절에 따른 농업노동의 증감 상태는 비교사로서 무의미하다. 북반구의 비슷한 위도에 위치한 지역에서는 어느 곳에서나 봄의 파종부터 가을의 추수까지 노동력 투하의 패턴이 동일하기 때문이다. 요컨대 비교사에서 가장 중요한 문제는 정말로 비교할 만한 가치가 있는 것을 비교하는가에 있다.

제11장 : 역사에서의 유형

1. 유형의 의미와 성격

비교사에서 역사가들의 궁극적인 비교대상은 개별적인 현상을 뛰어넘는 어떤 일반성을 보이는 현상들이다. 다시 말하면 개별사례들의 상호관계에서 일반화가 도출되는 현상들이 비교의 대상이 된다. 바로 이런 현상들을 유형이라 부른다. 따라서 비교사의 방법에서 역사현상을 설명하기 위하여 사용하는 구체적인 단위가 유형이 된다. 우리는 이런 유형의 현상들이 퍼져 있는 지리적 범위가 인위적인 국경이 아닌 '내부적으로 결정되는 그것의 고유한 지리적 테두리'라는 점을 살펴보았다. 달리 말하면 같은 유형(類型)에 속하는 현상들이 퍼져 있어 다른 유형에 속하는 현상들과 비교할 수 있는 범위가 바로 유형의 지리적 단위이며, 그것이 곧 '내부로부터 결정되는 그것의 고유한 지리적 테두리'인 것이다.[1)]

---

1) 유형에 대한 일반적인 내용은 다음의 글들을 참고할 것. 양병우, "유형", 『역사의 방법』, pp. 152~76; 양병우, "베버의 이상형과 역사인식", 『역사논초』, pp. 65~82; 베버(M. Weber) , "이념형", 『막스 베버의 사회과학 방법론』(*Gesammelte Aufsatze zur Wissenschaftslehre*) , 전성우 역(사회비평사

그러면 그 같은 테두리 내에서 형성되어 비교의 구체적인 단위가 되는 유형은 어떤 성격을 갖는가? 역사가들이 중세 서유럽의 장원제를 연구하려면 당시 서유럽의 여러 장원들을 비교해야 할 것이다. 그러나 서유럽의 여러 장원들을 비교하는 것을 비교사라고 말할 수는 없다. 왜냐하면 서유럽 여기저기 흩어져 있는 장원의 사례들은 전체적으로 보면 매우 동질적인 사회의 사례들이기 때문이다. 달리 말하면 같은 유형에 속하는 사례들이기 때문이다. 그러므로 이 경우에는 장원들이 비교사의 대상이 될 수 없고, 오히려 서로 같은 점을 찾아내어 하나의 유형으로 개괄하는데 사용되어야 한다.

피렌느는 중세도시의 유형을 설명하면서, 자치도시의 기원을 연구하는데 플랑드르보다 더 적합한 지역이 없다고 생각하였다. 그 지방의 도시들이 모두 동일한 방식으로 형성되고 동일한 유형을 나타내므로, 틀릴 염려 없이 각 도시가 제공하는 정보들을 합쳐서 하나의 전체상을 그려낼 수 있기 때문이었다. 그런데 이처럼 얻게 되는 전체상은 도식적인 것인 될 수밖에 없다. 그것은 어떤 개별 사례에도 정확하게 들어맞지는 않는 것이며, 개별적인 특징들이 사상(捨象)된 공통된 특징들을 보일 뿐이다.[2] 다시 말하면 중세도시들은 본질적으로 같은 것들이므로 공통된 것들을 뽑아서 하나의 유형으로 개괄할 수 있는 것이다.

그런데 우리는 역사에서 사용하는 유형을 '일반유형'과 '특수유형' 두 가지로 구분할 수 있다. 힌쩨(Otto Hintze, 1861～1940)는 피렌느처럼 중세도시의 일반적인 특징을 총괄하여 만들어낸

1997), pp. 90～108: Felix Gilbert, *The Historical Essays of Otto Hintze* (Oxford University Press, 1975).

2) Pirenne, *Medieval Cities*, pp. 131～33.

유형을 '일반유형'이라 부르고, 그 일반유형이 다시 특징에 따라 몇 개로 구분된 하위 유형을 '특수유형'이라 불렀다.3) 중세도시 가운데에서 블로크가 구분한 남부유럽 도시와 북부유럽 도시가 바로 '특수유형'인 것이다. 따라서 고대도시와 중세도시, 또는 유럽도시와 러시아 도시들처럼 다른 문화권에 속하는 유사한 현상들을 비교하는 것은 '일반유형'들 사이의 비교이며, 중세시대 남부도시와 북부도시들처럼 동일한 문화권 내에서의 비교는 '특수유형'들 사이의 비교이다. 앞으로 만일 여러 문화권으로 나뉘어 있는 세계가 하나의 문화권으로 통합된다면, 역사에서 '일반유형'의 비교는 사라지고 '특수유형' 차원에서의 비교만 남게 될 것이다.

역사의 탐구대상은 개별적인 것이다. 그러나 그 개별적인 것은 어떤 일반적인 것에 속하므로 역사가는 개별적인 것과 아울러 일반적인 것도 다루게 된다. 일반적인 것을 다룬다는 것은 그것을 하나의 유형으로 파악한다는 것이다. 예컨대 중세시대 플랑드르 지방의 도시 브뤼쥬(Bruges : 현 벨기에의 Brugge)는 하나의 역사적 개체다. 플랑드르의 도시들이 브뤼쥬보다는 일반적이며, 북유럽의 도시들이 플랑드르의 도시들보다 더 일반적이다. 그런데 역사가가 중세도시를 다룰 때에는 브뤼쥬라는 개별 도시와 더불어 플랑드르 도시들이나 북유럽의 도시들 같은 중세도시의 유형도 함께 다루는 것이다.

그런데 개별 도시인 브뤼쥬뿐만 아니라 '일반유형'인 중세 유럽의 도시를 생각해 보면 그것은 시간적으로나 공간적으로 무한정한 범위에 존재하는 것이 아니라 시·공간적으로 한정된

3) 양병우, 『역사의 방법』, p. 155.

범위 내에 존재한다. 그것은 역사가가 다루는 역사현상의 설명 범위에도 한계가 있다는 것을 의미하는데, 그 범위는 '일반유형'이다. 아무리 뛰어난 역사가라 할지라도 '일반유형'을 넘어서는 역사현상에 대하여는 하나의 개념으로 설명할 수가 없기 때문이다. 예컨대 역사가들은 브뤼쥬라는 하나의 개별 도시의 사례를 넘어서는 일반유형으로서의 중세도시의 역사는 서술할 수 있으나, 시공간으로 그것을 넘어서는 도시일반의 역사는 서술할 수가 없다. 요컨대 중세도시의 역사는 존재하나 도시일반의 역사는 존재할 수 없는 것이다.

2. 유형의 작성

그러면 우리들은 어떻게 일반적인 유형을 인식하여 구성해낼 수 있는가? 여기에는 두 가지 방법이 있다. 하나는 전체의 공통된 특징들을 잘 나타내고 있는 이른바 전형적인 사례를 일반화하는 방법이고, 다른 하나는 여러 사례들은 모아 하나의 유형으로 개괄하는 방법이다.

전형적인 사례를 일반화하는 방법은 피렌느가 『중세도시』에서 언급하고 있는 상인 성 고드릭(St. Godric de Finchale)이 좋은 예이다. 그는 11세기 말경 영국 링컨셔에서 가난한 농부의 아들로 태어났다. 어릴 적부터 가난했던 그는 부둣가에 나가 흘러오는 물건을 줍다가 어느 날 횡재를 하고는 싸구려 물건을 팔러 다니는 도부장수가 되었다. 얼마 후 돈을 좀 모아서는 어느 상인단에 끼어 장과 읍으로 돌아다녔다. 직업상인이 된 그는 큰 돈을 벌어 동료들과 조합을 만들어 영국, 덴마크, 플랑드르 해안을 따라 연안무역을 하여 몇 해 안에 더 큰 부자가 되었다. 그런데 바로 그 때 신의 은총을 받아서 재산을 가난한 사람들에게 나누어주고 은자(隱者)가 되었다. 피렌느는 성 고드릭의 전기 내용을 간추리며 신비적 종말을 제외하면 그것이 당시 많은 상인들의 생애와 동일하다고 보았다. 세부적인 인생행로는 물론 다를 것이나 본질적인 특징에 있어서는 동일한 내력을 가졌을 것으로 보고, 그 네 가지 특징을 다음과 같이 추려내었다.

첫째, 최초의 상인들은 성 고드릭처럼 인구증가에 따라 농촌에서 밀려나온 '뿌리뽑힌 모험가'들 사이에서 나왔다는 것이다.

둘째, 그들은 성공의 본질적인 원인으로 철저한 영리추구 정신인 '자본주의 정신'을 가지고 있었다.

셋째, 성 고드릭이 상인단체에 가입하여 번성한 것처럼, 당시 성공한 상인들은 위험에 대처하고 사업상 협동을 위해 필수적인 '길드' 또는 '한자'라는 이름의 단체나 조합에 가입하였다.

넷째, 성 고드릭이 연안무역을 하는 상인조합의 일원이 됨으로써 큰 부자가 되었듯이 큰부자가 된 상인들은 이른바 '원격지무역'에 종사하였다.[4]

이렇게 피렌느는 성 고드릭의 경력에서 네 가지 특징을 추려내어 그것을 전형적인 중세상인의 특징으로 일반화하고 있다. 성 고드릭의 사례 가운데 말년의 특징이 제외된 것은 재산을 나눠주고 수도원에 들어가는 것이 중세 상인들의 일반적인 현상은 아니었기 때문이다.

그런데 이와 같은 사례들을 끄집어내어 일반화하기 위해서는 그것이 전체를 특징짓는 전형적인 사례라는 것을 미리 알고 있

---

4) Pirenne, *Medieval Cities*, pp. 82~91.

어야만 한다. 그리기 위해서는 되도록 많은 사례들을 살펴서 그들의 공통된 특징을 알아내고, 그 특징들을 전형적으로 나타내는 사례를 찾아내야 한다.

그렇다면 예증에 의한 방식 외에는 어떤 것이 있는가? 그것은 사례들을 모아 하나의 유형으로 개괄하는 것이다. 피렌느는 이 방법에 대한 좋은 실례 역시 『중세도시』에서 찾고 있다. 피렌느는 중세도시를 몇 가지 유형으로 나눌 수 있으나, 그 본질적인 특징들은 서로 비슷하다고 말한다. 즉, 피렌느에 의하면 중세도시들은 코뮌(서약공동체)도시와 비(非)코뮌도시의 두 가지 유형으로 나눌 수 있다. 코뮌도시는 도시의 지배자에 대항하여 시민들이 선서공동체를 형성하여 실력으로 자유를 획득한 경우이고, 비코뮌도시는 영주 밑에서 평화리에 자치도시로 발전한 경우이다. 코뮌도시는 비코뮌 도시에 비하여 시민의 권리에 대한 규정이 분명하고, 시민의 지위와 자유를 수호하려는 각오가 뚜렷이 나타나 있으나, 피렌느는 그것이 '본질적인 차이'가 되지 못한다고 보고 있다. 양자는 모두 공동체를 구성하여 도시의 성원들이 모두 연대책임을 지고 있기 때문이다. 따라서 코뮌도시와 비코뮌도시의 차이는 정도의 차이일 뿐이며, 코뮌도시의 특징은 부차적인 것에 지나지 않는다는 것이다.5)

그러면 중세도시를 특징짓는 본질적인 것들은 무엇인가? 피렌느는 우선 '독립된 법역(法域)'[an independent legal district]으로서 도시 고유의 재판권을 가져야 한다는 점을 지적한다. 독립된 도시법과 시민 중에서 선발된 독자적인 재판관을 갖는 것, 바로 그것이 도시가 독립된 공동체라는 것을 말해주기 때문이

5) Pirenne, *Medieval Cities*, p. 129.

다. 그런데 재판관을 선임하는 방식과 그들이 행사한 재판권은 다양하였다. 그러나 이러한 차이는 그리 중요하지가 않다. 본질적인 것은 독립된 도시법과 독자적인 재판관을 갖는 것이기 때문이다.[6] 이와 같이 피렌느는 다양한 도시의 특징을 검토하여 공통된 특징들을 본질적인 특징으로 제시하고 있다. 이를 기호로 표시하면 다음과 같이 될 것이다. 즉, 유형 T에 속하는 사례들을 각각 T1, T2, T3로, 이들의 공통된 특징들을 a, b, c로, 그리고 그 정도의 차이를 +, 0, -로 나타낸다면, 그 사례들은 다음과 같이 표현된다.

(구체적으로 T는 중세유럽의 도시 유형, T1, T2, T3는 각각 브뤼쥬 시, 이프르 시, 뤼벡 시, a, b, c는 각각 도시법, 독자적인 재판관, 시민의 선거권으로 생각해 보자)

$$T_1 = a^+ + b^0 + c^- \cdots$$
$$T_2 = a^0 + b^- + c^+ \cdots$$
$$T_3 = a^- + b^+ + c^0 \cdots$$

이 경우 우리들은 사례 T1, T2, T3를 종합하여 이론상 다음과 같이 3종류로 개괄할 수 있다.

$$(1)\ T_a = a^0 + b^0 + c^0 \cdots$$
$$(2)\ T_m = a^0 + b^0 + c^0 \cdots$$
$$(3)\ T_i = a^+ + b^+ + c^+ \cdots$$

6) Pirenne, *Medieval Cities*, pp. 144～45.

(1)의 Ta는 '평균형'이다. 글자 그대로 사례에 나타나 있는 공통된 특징들을 평균해서 전체를 특징짓는 것으로 생각한 것이다. 그런데 평균형으로 개괄하는 것은 이론상으로는 간단하나 실제로는 극히 어려운 일이다. 왜냐하면 우리가 다루어야 하는 대부분의 사례는 수량화할 수 없는 양상의 차이를 나타내기 때문이다. 따라서 그 평균치를 구할 방법이 없다. 그래서 엄밀히 말하면 실제로는 평균형을 구성할 수 없다는 결론에 이른다. 예를 들어 재판관을 선임하는 경우, 지명하는 경우와 선출하는 경우, 그리고 추첨하는 경우 그것의 평균을 구할 수가 없다. 따라서 피렌느처럼 몇몇 사례를 들어 차이의 정도를 제시하고 나서 그들의 본질적인 특징만으로 개괄하는 방법을 취할 수밖에 없다. 결국 평균형은 공통된 특징들의 정도를 산술적으로 평균할 수 없이 그 특징의 정도들을 사상하고 Ta = a + b + c로 표기하는 것과 다를 바 없다.

(2)의 Tm은 '평균수준의 유형'이다. 평균수준의 유형은 사례들에 나타나고 있는 공통된 특징들의 정도가 대체적으로 어떠한가를 가려내어 전체적인 성격을 규정하는 것이다. 그러므로 평균수준의 유형은 공통된 특징들의 정도가 대체로 어떤 양상을 갖는다는 것을 전제로 한다. 그 경우 흔히 '대체로', '대부분', '일부를 제외하고는' 등으로 표현되어, 특징들의 정도가 대체로 비슷하다는 것을 나타낸다. 그러므로 만약 언제든지 평균수준의 유형작업이 가능하다면, 우리들은 아주 용이하게 실제적인 유형을 만들어 낼 수 있을 것이다. 그러나 유형화 작업에서 평균수준의 유형이 항상 가능한 것은 아니라는데 문제가 있다. 공통의 특징들의 정도가 항상 일정한 양상을 갖는 것이 아니기 때문이다. 예컨대 재판관을 선임하는 경우와 추첨하는 경우, 어느

한 쪽이 반을 조금 넘어섰다고 해서 그것을 평균수준의 유형으로 일반화하기가 어려운 것이다. 나머지를 사상하여 무시하기가 어렵기 때문이다. 특히 '일반유형'의 경우에는 어려움이 많다. 하위 유형인 '특수유형'의 경우에서보다 사례들 사이의 양상의 차이가 더 클 것이기 때문이다. 요컨대 평균수준의 유형은 추상적인 것이 아닌 구체적이고 현실적인 것으로 매우 바람직한 유형이라 말할 수 있다. 그렇지만 유형화 작업은 어려운 문제를 안고 있다.

피렌느는 중세도시에 대하여 그가 설명했던 것은 주요한 특징들을 제시한 것뿐임을 강조하면서, "우리가 대강 그린 중세도시의 모습은 여러 인물의 사진들을 겹쳐 찍어 현상하여 얻은 얼굴모습과 같다. 그 윤곽들은 그 사람들 모두에 공통된 모습을 나타내나 그들 가운데 어느 누구의 모습도 아닌 것이다"[7]라고 말한다. 말하자면 중세도시의 개별적인 특징들을 사상한 것이 아니라 공통된 특징들을 개괄하였다는 것이다. 겹쳐지면서도 조금씩 어긋나는 윤곽들로 대강의 윤곽을 제시하는 것은 중세도시의 모습을 평균수준의 유형으로 개괄하는 것이다.

그렇다면 대강의 윤곽이 아니라 선명한 윤곽으로 전체를 특징지을 수는 없는가? 여기서 우리는 (3)의 유형을 생각할 수 있다. (3)의 Ti 유형은 막스 베버(Max Weber, 1864~1920)가 제시하는 '이상형'이다. 이상형은 앞서 인용한 겹쳐 찍은 사진의 경우로 설명하자면, 여러 겹으로 겹쳐지고 어긋나는 윤곽선 가운데 얼굴의 특징을 가장 잘 나타내는 선들을 골라 그 모습을 나타내는 것과 같다고 할 수 있다. 달리 말하면 이상형은 역사적

7) Pirenne, *Medieval Cities*, p. 150.

실제에서 가장 선명하고 가장 명확하게 나타난 개개의 특징들을 추려서 그것을 전체적 연관에 따라 결합한 하나의 이상적(理想的)인 사유상(思惟像)이다.[8] 그런데 공통된 특징들이 어느 것이나 다 선명하고 철저하게 나타나 있는 것은 아니다. 그러기에 이상형으로의 개괄은 사례에는 선명하거나 철저하게 나타나지 않은 것을 선명하고 철저하게 나타내는 지적 조작을 필요로 한다. 베버가 말하는 '사유적 제고'(提高)가 바로 그것이다.[9] 따라서 이상형은 사유적 제고를 통해서 만들어진 이상적 사유상으로 현실 속에는 아무 곳에서도 존재하지 않는 것이다. 그렇지만 이상형을 비현실적인 것이라고만 말할 수 없다. 왜냐하면 그것은 현실의 특정한 요소들에 근거를 둔 것이며, 그 특징들을 제고한 것이기 때문이다.

그런데 만약 우리들이 유형적 현상을 명확히 특징지으려면 이상형을 사용해야 가장 효과적이다. 이상형이 가장 선명하고 가장 철저하게 나타난 특징들을 개념화한 것이기 때문이다. 예컨대 중세도시의 경우, 도시가 완전히 독자적인 재판권을 행사한 것은 아니었다. 곳에 따라 차이는 있었으나 다소간의 제약은 다 받았다. 그런데 그러한 지방적인 차이는 중요하지 않고 본질적인 것은 각 도시가 하나의 법역으로 인정되었던 까닭에 피렌느는 중세도시를 독립적인 법역으로서 독자적인 재판권을 갖는 곳으로 특징짓고 있다. 이런 본질적인 것들을 고찰하여 피렌느는 중세도시를 "둘러 싸여진 성벽의 보호 하에 살며, 도시를 집단적이고 특권적인 인격체로 만드는 특별한 법과 행정 및 재판

---

8) 베버, 『막스 베버의 사회과학 방법론』, p. 91. 이상형의 여러 특징에 대하여는 임영일, 차명수, 이상률 편역, 『막스 베버 선집』(까치 1991) 참고.

9) 베버, 『막스 베버의 사회과학 방법론』, p. 90.

권을 향유하는 상업과 수공업의 공동체"[10]로 정의하고 있다. 중세도시의 본질적인 특징들을 요약한 이 같은 개념이야말로 베버의 이상형적 개념인 것이다. 마찬가지로 역사적으로 정의된 개념들, 예컨대 우리들이 알고 있는 봉건제도, 중상주의, 절대주의, 자본주의 등의 개념들 역시 모두 이상형적 개념들인 것이다.[11] 역사적 개념들이 이상형적 개념들로 구성되는 것은 그 같은 개념을 통해서 역사적 사실들을 가장 명확하게 인식할 수 있기 때문이다. 달리 말하면 역사에서 무엇이 일어났는가를 가장 명확하게 인식할 수 있기 때문이다.

3. 유형의 비교

유형들 사이의 비교는 일반유형들 사이에서도 가능하고 특수유형들 사이에서도 가능하다. 예컨대 중세도시와 고대고시의 비교는 일반유형들 사이의 비교이며, 중세 북유럽의 도시들과 중세 남유럽의 도시들과의 비교는 특수유형들 사이의 비교이다. 일반유형들 사이의 비교는 대체적으로 광역비교에 해당되며, 특수유형들 사이의 비교는 협역비교에 해당된다.

일반유형들 사이의 비교는 시간적으로나 공간적으로 멀리 떨어진 서로 다른 문화권에서 나타난 현상들 사이의 비교이다. 이 경우 비교의 초점은 상이한 문화권에서 나타난 유사한 현상으로, 역사가들이 밝히고자 하는 것은 바로 그 같은 유사한 현상의 원인이다. 그에 비하여 특수유형들 사이의 비교는 동일한 문

10) Pirenne, *Medieval Cities*, p. 151.
11) 베버, 『막스 베버의 사회과학 방법론』, p. 94.

화권 내에서 부분적으로 상이한 특징을 갖고 있는 역사현상들 사이의 비교이다. 이 경우 특수유형들 사이의 비교의 초점은 서로의 상이한 점이며, 역사가들은 바로 그 같은 상이함의 원인이 무엇인가를 밝히고자 한다.

대체로 특수유형은 일반유형의 테두리 내에서 2～3개로 구분되어 비교된다. 힌쩨가 논한 서양의 신분제의회의 제도에 대한 비교가 한 예이다 힌쩨는 서양의 신분제의회의 본질에 대한 일반유형의 주요 특징들을 제시하고, 그것이 두 개의 하위 유형으로 세분된다고 생각하였다. 그 하나는 지배자적 요인이 강한 신분제의회의 유형이고 다른 하나는 동료 단체적 요인이 강한 신분제의회의 유형이다. 전자의 경우가 삼부회이고 후자의 경우가 양원제이다. 삼부회는 프랑스가 전형적인 예인데, 군주의 정치적인 도구의 성격이 짙었다. 그에 비하여 양원제는 영국이 전형적인 예인데, 하원의 경우 인민의 대표로 왕권에 대립되는 성격이 짙었다. 이처럼 양 유형 사이에 차이가 생긴 원인을 힌쩨는 관료제의 영향과 봉토제의 영향으로 설명한다. 첫 번째 유형에 속하는 지역, 곧 카롤링 제국의 영역에서는 강력하고 합리적인 관료제의 행정조직이 형성되어, 국가의 권력이 지방행정에까지 미치게 되었다. 그리하여 삼부회의 국가는 양원제의 국가보다 집약적인 국가경영이 가능하게 되었다. 영국의 경우는 정비된 중앙관제는 가졌으나, 지방행정조직은 없었다. 지방행정은 지방단체의 자치적인 성격이 짙었는데, 이들 자치단체의 대표들이 하원을 구성함으로써 의회의 중심이 군주제적인 극과는 반대의 극으로 쏠리게 되었다.12)

12) 좀 더 자세한 설명은 양병우, 『역사의 방법』, pp. 179～82 참고.

제12장
:
19세기 역사연구 동향

역사상 19세기의 유럽은 수많은 사건들로 점철된 시대였고, 또 다양한 사상들이 복잡하게 얽히면서 서로 대립되던 혼란의 시대였다. 나폴레옹의 전쟁과 몰락, 비인체제와 1830년 및 1848년의 혁명, 1848년 공산당 선언, 1861년 이탈리아 통일, 1870년 파리 코뮌과 1871년 독일 통일, 제국주의 정책 등 역사에 획을 그은 사건들이 꼬리를 물었다. 이 같은 역사적 사건들은 교통·통신혁명, 제철 및 기계공업, 중화학공업 등 산업문명의 눈부신 발달과 더불어 노동문제, 빈부문제, 환경문제 등 산업사회의 문제들을 동시에 수반하면서 진행되었다. 이같은 사회환경 속에서 자유주의와 보수주의, 민족주의, 사회주의 등의 사상들이 활발히 전개되면서 역사연구에 많은 영향을 미쳤다. 그에 따라 자유주의적이며 민족주의적인 역사연구가 진전되었고 역사주의가 탄생하였으며, 사회경제적 역사연구, 실증주의적 역사연구 등도 활발히 전개되었다.

1. 낭만주의 역사연구 및 역사주의

19세기 들어 유럽은 계몽사상과 프랑스 혁명에 대한 반발이 거세어졌다. 계몽사상은 이성을 중시하고 중세적 종교와 비합리적인 생활을 비판하며 세계시민주의적 관점에서 사고하기를 요구하였다. 그 같은 계몽사상에 바탕을 둔 프랑스 대혁명 역시 이성에 의한 급진적인 사회개혁을 시도하며 이웃 국가들의 해방을 시도하였다. 그러나 그것은 현실적으로 침략전쟁이었고 유럽 각국의 민족감정을 자극하는 것이었다. 그들은 프랑스 혁명의 이념이 독일이나 스페인 등 다른 나라에도 적용될 것이라는 논리를 거부하고, 자국 역사의 민족성과 고유성, 그리고 개체적 독특성을 주장하였다. 특히 독일의 낭만주의 역사가들은 계몽사상가들처럼 국가가 계약을 통해서 형성된 것이 아니라, 민족의 유기적인 발전관계 속에서 형성된 역사적 산물임을 강조하였다. 따라서 어느 한 민족의 발전은 외부의 제도나 문물의 이식에 의해서는 불가능하고 민족 자체의 고유한 역사 속에서 이룩된다고 보았다.

이와 같은 사고 속에서 낭만주의 역사가들은 자국의 역사에 대하여 특별한 관심을 갖고 연구하기 시작하였다. 그리하여 보편사와는 다른 민족사를 크게 부각시켰고, 역사연구를 민족적·보수적인 관심 속에서 국가적으로 육성하게 만들었다. 이러한 경향은 독일뿐만 아니라 영국이나 프랑스에서도 마찬가지였다. 국가의 제도가 자기 민족의 유기적 관계 속에서 형성된 것이므로, 자국의 제도가 더욱 발달하기 위해서는 자기 민족의 역사발전을 확실히 이해할 필요가 있다는 이유 때문이었다. 이로써 낭만주의시대 사람들에게는 민족사의 연구가 국가번영을 위한 기본지식으로 인식되기에 이른 것이다. 그와 같은 인식은 곧 자국의 과거사에 대한 재평가로 이어져, 특히 중세사에 대한 연구붐을 일으켰다. 낭만주의 역사가들이 생각할 때 중세에 대한 인문주의자들과 계몽사상가들의 사고는 너무나 그릇된 것이었다.

낭만주의 시대 역사가들은 특히 중세시대 자기민족의 생활을 연구하여 시대적·지역적 특색을 강조하였다. 그리하여 중세시대의 종교문화와 예술에 대한 가치를 새로운 관점에서 크게 부각시키고, 인문주의자와 계몽사상가들의 고대숭배와 중세에 대한 배척을 비판하였다. 이들의 노력은 중세를 '암흑시대'로 보던 계몽사상가들의 비역사적인 태도를 극복하고 중세에 대한 대중적 흥미를 불러일으키는데 이바지하였다. 더 나아가 역사 자체에 대한 관심을 크게 고조시키는데 크게 공헌하였다. 그러나 이들 낭만주의 시대 역사가들은 대체로 문헌 연구에 철저하지 못했고, 역사를 소설처럼 기술하였다. 그것은 역사연구가 독자들의 흥미를 자극하기는 했으나, 아직은 학문적인 경지로 크게 고양되지 못했음을 말해주는 것이다.

낭만주의적 역사연구 개척에 큰 공헌을 한 인물은 프랑스의 샤토브리앙(August de Chateaubriand, 1768～1848)이었고, 그의 이론을 구체화시켜 대중적인 역사를 만들었던 인물은 영국의 스코트(Walter Scott, 1771～1832)였다. 샤토브리앙의 저술은 인문주의자들의 중세 배척과 고대 지향을 비판한 『기독교 정신』(1802)과 『순교자들』(1809)이 대표적이며, 스코트의 저술은 중세생활을 문학적으로 서술하여 대중들의 흥미를 불러 일으켰던 『아이반호』(1802)가 대표적이다. 그밖에도 『노르만족의 영국 정복사』(1826)와 『메로빙시대의 역사』(1840)를 저술한 띠에리(Augustin Thierry, 1795～1856)와 『프랑스 혁명사』(1837)를 저

술한 칼라일(Thomas Carlyle, 1795~1881) 등이 대표적인 낭만주의 역사가이다.[1)]

19세기 초 낭만주의의 개화와 더불어 나타난 역사연구에서의 고유성과 개별성의 강조는 '역사주의'(historicism)라는 독특한 역사사상을 만들어 냈다. 역사주의는 역사를 생의 흐름으로 파악하여, 역사적 사실의 개별적·일회적 고유한 의미를 강조하고, 역사를 과거의 상황 속에서 사실 그대로 연구하려는 하나의 역사연구 원칙을 의미한다. 이처럼 정의되는 '역사주의'라는 말이 학문적으로 사용되기 시작한 것은 20세기 초부터였으나, 형성되기 시작한 것은 프랑스 대혁명 이전 비코와 헤르더(Johann Gottfried Herder, 1744~1803) 등까지 거슬러 오를 수 있다. 예컨대 헤르더는 역사는 끊임없는 생성 속에 있다고 보았으며, 그 속에서 보편타당한 가치의 존재를 인정하지 않고 개체적이고 개별적인 것에 가치를 부여하였다. 그와 같은 사상적 흐름이 19세기 초 훔볼트(Wilhelm von Humboldt, 1767~1835)에 의해서 다시 강하게 주장되었고, 랑케에 이르러 특히 개체성을 중시하는 하나의 역사사상으로 정립되었다.[2)]

랑케에 의하면 역사는 스스로 발전하는 개체들로 구성되어 있다고 보아 진보사상을 거부하고 있다. 그에 의하면 '모든 시대는 신에게 직접적으로 연결되어 있고, 그 가치는 그 시대로부터 출현한 것이 아니라 그 시대의 존재 그 자체에, 그 시대의 고유한 자체 속에 있다'. 랑케의 이러한 사상은 역사상 모든 시대

1) 이상신, 『서양사학사』, pp. 427~45; 반스, 『서양사학사』, pp. 237~52.
2) 1922년에 트뢸체는 『역사주의와 그 문제점들』을 저술하였고, 1936년에 마이네케는 『역사주의 생성』을 저술하였다. 이상신, 『서양 사학사』, p. 459; 반스, 『서양 사학사』, pp. 253~58.

와 모든 민족은 그 개체 속에 고유한 절대적 가치를 지니고 있다는 것이다. 그러면서도 랑케는 개체란 전체와의 관계 속에서 존재하는 보편성을 지닌 개체로 보았다. 그러나 개체는 일반적인 상태에 종속되어 있지 않고, 그 자체로서 세계질서 속에 있으며, 일반적인 모습, 즉 보편성을 그 자체 속에 내포하고 있다. 역사주의 사상은 독일에서 가장 두드러졌으나 유럽 전체에 영향을 미쳤고, 역사분야 이외에도 언어학, 법학, 경제학, 신학 등에도 영향을 미쳐 각 분야에서 이른바 '역사학파'를 탄생시켰다.[3)]

2. 자유주의적·민족주의적 역사연구

19세기 전반은 낭만주의적 역사서술만이 존재했던 것이 아니며, 또 그것의 영향이 지배적인 것도 아니었다. 이 시기에는 오히려 자유주의적 관점에서 서술된 역사책들이 대중들로부터 더 많은 호응을 얻었다. 자유주의적 역사연구자들은 계몽사상의 영향을 받아 역사를 자유의 전개과정으로 생각하였고, 또 자유의 확대과정 속에서 역사가 진보한다고 생각하였다. 그런데 19세기 민족주의 역사가들에게 자유의 문제는 망각되거나 거부될 수 있는 것이 아니었다. 그들에게 있어서 국가란 개인과 정신의 자유를 보증해주는 기구로서, 역사발전의 구체적인 매개체였던

3) 이민호, 『역사주의-랑케에서 마이네케』(민음사 1988). 언어학자로는 라틴어를 연구한 볼프(A. Wolf), 문학에서는 그림 형제(J. and W. Grimm), 법학에서는 자비니(F.K. Savigny), 경제학에서는 리스트(F. List), 롯셔(W. Roscher), 힐데브란트(B. Hildebrand), 슈몰러(G. Schmoller), 바그너(A. Wagner), 브렌타노(L. Brentano) 등이 있다.

것이다. 즉, 19세기 자유주의적 역사가들은 계몽사상의 이념과 낭만주의의 이상을 다같이 추구했던 것이다. 그 같은 경향은 민족주의가 강세를 보이던 19세기 중엽 이후에 특히 두드러져, 당시의 자유주의적이며 민족주의적인 역사연구에 큰 영향을 미치게 되었다.

이들 자유주의적이며 민족주의적인 역사가들에게 중요했던 연구분야는 당연히 정치사였다. 역사가 정치사와 전쟁사로 서술되는 전통은 이미 고대로부터 지배적인 경향이었다. 그러나 19세기에 들어와서는 정치사가 모든 역사생활보다 우선하며 모든 다른 관계들을 지배한다는 확고한 믿음이 정립되었다. 그 결과 경제, 사회, 종교, 문화 등과 같은 다른 분야에 대한 연구가 미미하였고, 특히 당대의 산업화 과정과 사회문제에 대해 제대로 다루지 못하였다. 그 같은 정치사 위주의 역사연구 경향은 19세기 후반 물질주의적 역사 이해와 실증적 역사 연구가 왕성해진 상황 속에서도 19세기 내내 서양 역사학의 주류로 남게 되었다.

자유주의적·민족주의 역사가들은 어떤 특권신분도 없는 자유시민적 민족국가를 염원하였으나, 실제로 그들은 유산계급인 부르주아지의 이해를 대변하고 있었다. 그들의 생각에 일반대중은 여전히 수동적인 존재이며 때로는 폭력으로 사회를 뒤엎을 수 있는 위험한 존재였다. 따라서 당시의 역사가들이 자유의 이념 속에서 민족국가를 서술했지만, 자유의 확대과정을 범국민적 차원에서 파악하지는 못하였던 것이다. 또 자유라는 이념과 민족이라는 현실 속에서 이들의 역사연구 방향은 결국 국가주의를 강조하는 데 기여하여, 19세기말의 제국주의와 20세기 초의 비극을 불러온 한 원인이 되었다.[4)]

19세기 자유주의적이며 민족주의적인 역사연구자들은 자유주의 이념과 애국적 감정이 뒤섞인 저술을 남겼다. 이들 초기의 대표적인 역사가는 『프랑스사』(1833~62)를 저술한 미슐레(Jules Michelet, 1798~1874)를 비롯하여 토크빌(Alexis de Tocqueville, 1805~59), 달만(Friedrich Christoph Dahlmann, 1781~1860), 게르비누스(Georg Gottfried Gervinus, 1805~71), 매콜리(Thomas Babington Macaulay, 1800~59), 핀리(George Finlay, 1799~1875) 등이다. 특히 미슐레는 프랑스 대혁명에 긍지를 느끼고, 대혁명을 통하여 프랑스는 프랑스 민족을 넘어서는 자유의 사도가 되었다고 생각하였다.

그 같은 자유주의적이며 민족주의적인 역사연구의 분위기 속에서 19세기 유럽 각국은 자국의 역사자료를 편찬하여 간행하기 시작하였다. 독일은 연방정부가 1826년부터 『게르만 역사문헌집』(Monumenta Germaniae Historica)을 발간하기 시작하였고, 프랑스는 1836년부터 『프랑스사 미간 사료총서』(Collection de Documents inedits sur l'Histoire de France)를, 영국은 1863년부터 『중세 브리튼과 아일랜드의 연대기와 문헌들』(Chronicles and Memorials of Great Britain and Ireland during Middle Ages)을 간행하기 시작하였다.[5] 또 19세기 후반 자유주의적이고 민족주의적인 역사연구가 더욱 왕성해짐에 따라, 유럽 각국에서는 많은 역사가의 등장과 더불어 전문적인 역사연구 학술지가 간행되기 시작하였다. 프러시아에서는 드로이젠(Johann Gustav Droysen, 1808~84), 지벨(Heinrich von Sybel, 1817~95), 몸젠(Thoeodor Mommsen, 1817~1903) 같은 프러시아 학파를 배출하며, 『프

4) 이상신, 『서양사학사』, pp. 519~21, 641~47.
5) 반스, 『서양 사학사』, pp. 271~76; 이상신, 『서양사학사』, pp. 522~60.

러시아 연보』와 『역사학지』(Historische Zeitschrift)가 1858년부터 간행되기 시작하였다. 프랑스의 경우 『역사학지』(Revue Historique)가 창간된 것은 1876년이고, 영국의 『영국 역사학지』(English Historical Review)는 1886년에 창간되었다. 영국은 1869년 스텁스(W. Stubbs, 1825~1901)가 옥스퍼드 대학 흠정교수가 되고, 실리(J. Seeley, 1834~95)가 케임브리지 대학의 역사교수가 되면서 각각 옥스퍼드 학파와 케임브리지 학파가 형성되었다. 액튼 경은 케임브리지 학파의 진정한 창건자로 인정받고 있다.[6)]

3. 사회경제사적 역사연구

사회경제사적 역사 서술이 등장한 것은 19세기 중엽이다. 그것은 18세기와 19세기 동안 진행된 산업사회의 전개과정 속에서 사회문제와 경제관계가 역사발전에 매우 중요한 몫을 차지한다는 인식이 확고해짐으로써 나타났던 것이다. 즉, 당시 산업사회의 경제구조와 사회문제들이 역사발전을 새로운 각도에서 연구하도록 만들었던 것이다. 사회경제사적인 역사연구는 마르크스와 엥겔스(Friedrich Engels, 1820~95)의 유물사관으로부터 영향을 받은 것은 사실이지만, 출발은 1848년 마르크스와 엥겔스의 『공산당 선언』(Communist Manifesto) 이전에 시작되었다. 또 이들의 역사연구 태도는 마르크스나 엥겔스처럼 결정론적이며 법칙적이지도 않았다. 즉, 그들은 물질적 관계가 결정적인

6) 이상신, 『서양사학사』, pp. 561~624.

요소로 생각하지도 않았고, 경제순환을 과대평가하지도 않았다. 더더욱 역사진행을 법칙적으로 해석하지도 않았다. 오히려 정신적인 힘과 독자성을 인정하면서 역사진행 속에서 물질과 정신의 상호작용을 해명하려 하였고, 정치 및 문화와 사회경제적인 현상과를 긴밀한 관계 속에서 규명하려 하였다. 사회경제사적인 연구가 등장할 당시 크게 논란이 되었던 사회문제들은 경제적인 문제와 크게 관련되는 것이었다. 따라서 사회라는 단어는 정치, 문화, 법률, 종교 등의 언어들과 결합되어 사용되지 않고, 경제와 결합하여 '사회경제사'라는 용어를 탄생시켰다. 그 후 사회경제사의 연구는 정치사나 사상사의 연구와는 서로 다른 대립적인 연구분야로 인식되었고, 역사가 정치적 관계나 이념적 관계만을 다루는 것이 아니라는 인식도 확산시켰다.

사회경제사의 연구와 서술은 영국과 프랑스에서도 이루어졌으나, 독일에서 가장 왕성하게 진행되었다. 독일에서 사회사를 개척한 인물은 슈타인(Lorenz von Stein, 1815~90)으로, 그의 대표적인 저서는 1850년에 출판된 『1789년부터 현재까지 프랑스 사회운동사』이다. 슈타인은 역사발전에 대한 올바른 이해는 국가와 사회와의 관계를 올바르게 파악함으로써 가능하다고 생각하여 종래의 정치사 중심의 역사서술에 비판적이었다. 프랑스의 사회운동사를 서술한 그의 대표작 속에서 슈타인은 프랑스의 역사를 국가와 사회7)와의 대립과 투쟁 속에서 전개된 것

7) 슈타인은 사회(Gesellschaft)를 근본적으로 '물질적인 생활의 소유관계 위에서 형성된 공동체'로 보고 있다. 사회와 국가는 서로 다른 공동체로서 상호 불균형 상태에 있다. 국가의 헌법과 행정의 기반은 사회적인 힘의 영향으로 생성되나, 사회의 생성과 존립은 그 반대로 국가가 부여하는 질서의 힘에 의하여 제약된다. 그러므로 구성원들의 이해를 실현시키고자 하는 사회와 그들의 이해를 조정하려는 국가 사이에는 긴장이 존재할 수가 있다. 특

으로 파악했는데, 특히 사회운동을 결정적인 것으로 보았다. 그 같은 인식 하에서 그는 프랑스의 역사를 봉건시대, 국민경제시대, 그리고 산업시대로 구분하였다. 그에 의하면 1789년까지 프랑스 사회는 호전적인 귀족, 상업과 무역에 종사하는 시민, 그리고 농민의 세 집단으로 구성되었다. 프랑스 혁명은 이러한 사회질서를 무너뜨리고 봉건사회의 법과 특권을 파괴하여 시민들 사이의 권리가 동등한 사회를 창출하였다. 이로써 프랑스 민족의 구성원들에게 평등이라는 이념이 심어졌고, 그 같은 기반 위에서 무계급적 국민경제가 형성되었다. 그러나 산업화가 진행되면서 프랑스 국민들은 고용자와 피고용자, 자본가와 노동자로 분화되면서 다시 불평등과 종속관계를 경험하게 되었다. 7월 혁명 이후 프랑스 사회는 그 같은 산업사회의 특징을 잘 보여주고 있다. 슈타인에 의하면 그 같은 사회변화는 국가와 사회 사이에 일련의 정치투쟁을 통하여 진행되어 왔는데, 그 같은 투쟁은 각각 봉건계급, 민족경제계급, 그리고 산업계급에 의하여 주도되었다.[8)]

경제사의 연구에 큰 영향을 미친 것은 특히 독일의 '민족경제학파' 학자들이다. 낭만주의와 역사주의에 영향을 받은 일군의 학자들은 아담 스미스의 고전경제이론을 거부하고, 경제활동을 민족의 독자적인 생활과의 관계 속에서 상대적으로 설명하려 하였다. 이들의 선구자는 『정치경제학의 민족적 체계』(1841)를

정한 계급이 입법과 행정에 영향을 미칠 경우 특히 그렇다. 예컨대 프랑스 혁명 이전까지의 봉건계급이 그렇다. 그 경우 사회 내부에서 지배계급에 대한 투쟁이 새로운 세력을 통하여 나타나고, 이 새로운 세력은 국가와 사회 사이에 새로운 관계를 요구하게 된다. 사회개혁이나 혁명은 바로 이 같은 상황 하에서 나타난다. 이상신, 『서양사학사』, pp. 666-67.

8) 이상신, 『서양사학사』, pp. 663~68.

저술한 리스트(Friedrich List, 1798～1846)였고, 로셔(Wilhelm Roscher, 1817～94)와 힐데브란트(Bruno Hildebrand, 1812～78) 등이 그의 이론을 더욱 발전시켰다. 이들은 '역사학파'의 대표들로서, '전기 역사학파'로 불리는 학자들이다. 19세기 후반 비스마르크(Otto von Bismarck, 1815～98) 하에서 독일은 사회문제를 해결하기 위하여 위로부터의 개혁을 시도하였다. 그러나 국가의 정책만으로는 새로운 경제생활에서의 문제들이 진정될 수 없었다. 여기서 다시 민족경제학자들이 대두되어 '후기 역사학파'를 형성하였다. 이들의 민족경제학 이론은 사회보장문제와 국민의 복지문제를 해결하기 위해 제시된 것이었다. 바그너(A. Wagner, 1835～1917), 브렌타노(L. Brentano, 1844～1930), 슈몰러(Gustav von Schmoller, 1838～1917) 등이 대표적인 학자였다. 이들은 역사에서 경제관계의 중요성을 확인시켜 주고, 역사연구에서 경제사적 고찰을 필수적인 고려사항으로 만드는데 결정적인 기여를 하였다. 그렇기는 하나 이들의 역사연구는 부정적인 영향도 미쳤다. 역사학파의 연구가 민족의 독자성과 인도주의를 강조하는 입장에서 출발했으나, 결국은 국민 구성원 전체보다는 경제성장과 국가경제라는 이름 하에 자본과 권력의 유착 및 국가주의에 이바지하였기 때문이었다.[9)]

독일의 사회경제사가들이 엘리트 출신의 교수들로 사회경제사를 이론적으로 연구하며 일반화를 시도했던 반면에, 영국의 사회경제사가들은 부르주아 출신들로 추상화를 피하고 사실적이고 구체적인 연구에 주력하였다. 또 독일의 사회경제사가들이 민족의 경제생활을 유기체로 파악하고 사회개혁을 시도하던 국가

9) 이상신, 『서양사학사』, pp. 669～79.

주의자들이었던 반면, 영국의 사회경제사가들은 개인주의적이며 당대의 사회문제 해결에 큰 관심도 없었고 중세의 사회와 경제 제도에 대한 연구에 큰 관심을 보였다. 프랑스의 경우도 영국과 비슷하였다. 영국의 경우 대표적인 학자로 『영국의 농업과 물가의 역사』를 저술한 로저스(James Thorold Rogers, 1825~90), 『영국 농노제』(1887)를 저술한 비노그라도프(Paul Viogradoff, 1854~1925), 그리고 『영국 촌락공동체』(1883)를 저술한 시이봄(Frederic Seebohm, 1833~1912) 등을 들 수 있다. 프랑스의 경우는 『프랑스 혁명사』(1847~62)를 저술한 루이 블랑(Louis Blanc, 1812~82)과 『고대 프랑스 정치제도사』(1874~89)를 저술한 꿀랑쥬(Fustel de Coulanges, 1830~89) 등을 들 수 있다.[10)]

4. 실증주의적 역사연구

자연과학적 사고와 방법론의 발달에 따라 19세기 중엽 이후 역사학은 실증주의(實證主義: Positivism)의 영향을 받기 시작하였다. 당시의 지식인들은 자연과학에서뿐만 아니라 인간생활의 영역에서도 진보가 이루어져 왔으며, 그것은 자연과학적 방법을 통해서 증명될 수 있다고 믿었다. 또 역사의 추진력으로서의 인간정신에 대한 믿음도 희박해져갔고, 개인보다는 집단 대중을 역사발전의 운반자로 생각하기 시작하였다. 그 같은 지적 분위기 속에서 역사학에서 실증주의를 정립시킨 인물은 프랑스의 꽁트(August Comte, 1798~1857)였다. 꽁트는 『실증주의 철

10) 반스, 『서양사학사』, pp. 326~36; 이상신, 『서양사학사』, pp. 679~91.

학』(1832~44)을 통하여 실증주의적 학문방법론을 제시하고 사회학을 창시하였다. 그에 의하면 인간의 사회는 문명상태에 의하여 결정되고 문명은 진보의 과정 속에 놓여 있다. 그러므로 꽁트는 문명의 발전법칙을 발견하는 것을 중요한 과제로 삼았는데, 그 방법이 바로 실증적 방법이었다. 이는 사회적인 현상들을 자연과학적 방법에 의해서 인과적인 귀납법으로 분석하여, 발전관계에 대해 일반법칙을 발견하는 방법이다. 꽁트에 의하면 이 방법의 정점에 서 있는 학문이 사회학이다. 사회학은 사회를 실증적으로 분석하여 법칙을 수립하고, 그를 통하여 미래의 현상을 예견하려는 데 그 연구의 목적이 있다.[11]

실증주의적 역사연구방법에 의하면 역사연구는 자연과학적 방법으로 이루어져야 한다. 역사가는 오직 문헌을 근거로 해야 하며, 사실적 기반 위에서 역사를 서술해야 한다. 따라서 역사를 정신현상이 구체화 된 것으로 보아 이념 그 자체에 가치와 의미를 부여하고, 각각의 역사적 사실에 고유한 의미를 부여하던 역사주의와는 대립적인 태도를 보였다. 실증주의는 역사적 사실의 중요성과 객관성을 강조하며 일반화를 통해 역사현상을 과감히 해석하여 역사학의 발전에 기여하였다. 그러나 실증주의는 역사적·사회적인 현상들이 반드시 법칙적으로만 설명될 수는 없다는 점을 간과하였다. 역사현상 속에 반영되어 있는 인간의 자유의지를 간과했기 때문이었다.

이 같은 실증주의는 영국과 프랑스의 역사연구에 커다란 영향을 주었다. 역사주의 전통이 강하던 독일의 경우에는 처음에는 반발을 일으켰으나, 점차 실증주의의 영향을 받게 되었다.

11) 베른하임, 『사학개론』, pp. 34~8; 이상신, 『서양사학사』, pp. 700~705.

『영국문명사』(1857～61)를 저술한 영국의 버클(Henry Thomas Buckle, 1821～62), 『구체제』(1876)를 저술한 프랑스의 떼느(Hippolyte Taine), 『기독교의 기원』(1863～83)을 저술한 르낭(Ernest Renan, 1823～92), 『독일사』(1891～1913)를 저술한 독일의 람프레히트 등이 대표적인 실증주의적 역사연구자들이다.

제13장
:
20세기 역사연구 동향

1. 19세기말~20세기초의 동향

19세기에는 인간의 정신이 진보한다는 신념 하에 역사인식에서 정신의 우위를 주장하는 전통이 지배적이었다. 정신의 자발적인 힘과 그 작용에 우위를 부여하는 역사주의와 자유주의적이며 민족주의적인 역사서술이 바로 그것이다. 그러나 19세기 중엽 이후 정신보다는 물질적 존재의 힘을 더 중시하는 유물사관이 등장하고 자연과학적 연구방법에 의존하는 실증주의가 확산되면서 정신작용에 우위권을 부여하던 학문적 전통은 위기에 처하게 되었다. 이 같은 위기는 학문에서만의 위기는 아니었다. 역사주의의 위기는 곧 서양정신의 위기였다. 실제로 19세기말 민족주의와 자본주의는 제국주의를 지향했고, 자유주의적 프로테스탄티즘은 수세에 몰렸으며, 기독교의 윤리가 더 이상 정신생활의 기준이 되지 못하였다. 초인의 도래를 예고한 니체(Friedrich Wilhelm Nietzsche, 1844~1900)의 사상은 그 같은 세기말의 정신적 위기를 반영하고 있다. 니체는 2000년 동안 기독교에 의해 자라온 유럽 문명의 몰락과 니힐리즘의 도래를 예고하고, 속물근성과 자기만족에 탐닉하는 시민계급을 왜소화(矮小化)되고 노예화된 인간으로 조소하며, 법 위에 군림하며 권력에의 의지를 체현(體現)하는 초인을 상정하였다.1)

그런데 세기 전환기의 학문적 혼란 속에서 역사학의 근본문제들을 정신적 가치 속에서 재조명하려는 시도들이 나타났다. 딜타이(Wilhelm Dilthey, 1833~1911), 크로체, 콜링우드 등이 그들이다. 예컨대 크로체에 의하면 과학과 역사의 인식방법은 상이하다. 과학은 일반적인 것을 인식하고 일반적인 개념을 구축하는 것을 목적으로 하나, 역사는 구체적이고 개별적인 것에 관여하고 법칙을 연구하지 않는다. 오히려 예술영역에서처럼 개체를 직관(直觀)하고 서술한다. 그렇지만 예술적인 직관과 역사적인 직관은 다르다. 예술은 비사실적인 것에 대하여 직관하나 역사는 사실적인 것에 대하여 직관하기 때문이다. 또 역사에서의 확실성은 과학에서처럼 분석과 논증의 확실성이 아니라, 사료의 신빙성에서의 확실성이다. 요컨대 크로체에 의하면 과학의 방법과 역사의 방법은 상이하다.

크로체는 역사연구에서 정신활동의 중요성을 강조하였다. 역사가가 사료를 통하여 과거인들의 정신 속으로 들어가 그들의 정신을 인식하지 못하면 그것은 죽은 역사일 뿐이다. 그러므로 과거사건이 역사적으로 인식되기 위해서는 그것이 역사가의 현재의 정신에 지각되어야 한다. 말하자면 인식의 대상은 역사가의 현재의 관심에 의해서 선택되고, 그것은 역사가의 정신에 의해서 인식된다는 것이다. 그러므로 모든 역사는 현재의 역사이며, 역사는 항상 다시 쓰여질 수 있다는 견해가 성립될 수 있

---

1) 니체(Friedrich Wilhelm Nietzsche), 『짜라투스트라는 이렇게 말하였다』(*Also Sprach Zarathustra*), 정유석 역(삼성출판사 1974).

다.[2)]

이들은 낭만주의 시대에 형성된 역사주의 인식론을 재조명해서 실증주의를 거부하였다. 그 결과 이들은 역사를 객관적으로 이해할 수 있는 기반을 마련하지도 못하고, 결과적으로 역사주의와 실증주의의 대립만을 첨예화시키는 결과를 낳았다. 그렇지만 그 같은 대립과 논란 속에서 그들은 자연과학적 방법을 역사학에 도입할 때 고려되어야 할 문제점을 부각시켰다. 그리하여 결과적으로 역사주의와 실증주의가 역사연구에 다 같이 응용될 수 있는 길을 모색하게 만들었다.

그가 바로 베버였다. 그는 역사 연구에서 순수한 주관주의나 실증주의를 배제하고 이들을 조화시키려 노력했던 첫 번째 인물이었다. 베버는 역사연구에서 순수한 실증주의를 거부하기는 했지만 인과적 설명에 의한 합리적인 해석을 배제하지는 않았다. 오히려 베버는 두 방법을 서로 상보적인 것으로 보고, 양자를 다같이 응용하고자 하였다. 그것은 사회현상을 연구하면서 이른바 '문화가치'[3)]에 대한 객관성을 어떻게 확보할 수 있느냐의 문제를 해결하기 위한 것이었다. 여기서 베버가 내세운 것이 '이상형'(理想型 : Ideal Type)이다. 이상형은 사실을 근거로, 그것의 특징적인 모습을 계속 부각시켜 하나의 전체상으로 만들

---

2) 크로체, 『역사의 이론과 역사』, pp. 10～3.

3) 리케르트(Heinrich Rickert, 1863～1936)에 의하면 역사는 자연과학과 대비되는 문화과학의 범주에 속한다. 자연과학은 개체적 가치를 무시하고 일반법칙을 추구하므로 몰가치적(沒價値的)인 학문인데 비하여 역사는 문화가치를 추구하는 학문이다. 그런데 역사에서 다루는 개체는 단순한 개체가 아니라 보편적인 것과의 관계 속에 있는 개체이며, 특히 문화적으로 관련된 개체이다. 그러므로 역사가는 개별적인 것에 대해 단순히 주관적으로 평가해서는 안 되며 보편적인 것과의 문화적 가치관계 속에서 평가해야 한다.

어 낸 것이다. 그러므로 이상형은 특정 사실과 동일한 것은 아니나, 사실들을 가장 완전하게 해명할 수 있도록 구성한 것이다. 그런데 이상형은 자연과학에서의 일반화처럼 그 자체를 목적으로 하는 것이 아니다. 이상형은 사회현상을 이해하기 위한 수단에 불과한 것이다. 즉, 이상형은 특정한 역사적 사실과의 상호비교를 통해여 그 역사적 사실을 정확하게 구명하는 길잡이인 것이다. 그러므로 역사가는 하나의 역사적 사실을 사회학적 도식 속에 밀어 넣어서도 안되며, 현존 개념을 역사적 사실에 뒤집어 씌워서도 안 되는 것이다.[4] 요컨대 베버는 역사주의와 실증주의의 대립을 지양하고, 역사학과 사회학의 상호보완 가능성과 그 모델을 고전적으로 제시한 것이다.

2. 20세기 후반의 동향

20세기 전반 서양의 역사 연구는 정치사, 사회경제사, 문화사, 제도사 등 다양화 경향을 보이고는 있으나, 여전히 전통적인 정치사 중심의 서술에서 크게 벗어나지는 못하였다. 그러나 1차 세계대전 이후부터 제기되기 시작한 전통적인 역사학에 대한 비판과 사회과학에의 접근 등으로 역사연구의 방향이 크게 바뀌기 시작하였다. 특히 2차 세계대전 이후인 1950년대를 기점으로 전통적인 역사연구 및 서술방식에서 크게 벗어나기 시작하였다. 또 각국에서 제시된 새로운 역사연구 방법론이 서로 영향을 미치면서 국제적으로 공통성을 띤 새로운 역사연구의 경

4) 베버, “사회과학적 및 사회정책적 인식의 ‘객관성’”, pp. 35～96, 특히 74～5.

향성을 나타내기 시작하였다.

20세기 들어 변화된 역사연구의 동향은 다음과 같은 특징들을 보이고 있다. 첫째, 완성된 역사서술의 탄생을 예견했던 액튼식의 믿음이 1차 대전 이후 민족의 전통에 따르는 역사서술의 경향과 랑케적 사실주의란 결국 잡다한 사료의 나열일 뿐이라는 비판에 부딪쳐 사라지게 되었다. 둘째, 고고학, 인류학, 경제학, 사회학 등 인접 사회과학의 발달이 역사연구에 강한 영향을 미쳐, 사회과학의 방법론이 역사연구에 수용되게 되었다. 셋째, 좌파 역사학자들이 독단주의와 도식주의를 버리고 사회과학적 방법론에 의한 사실규명의 필요성을 인식하였다. 넷째, 과학기술의 발달에 따라 컴퓨터를 통한 새로운 통계학적 연구가 가능해졌다. 1950년대 나타난 '새로운 역사'의 추진력은 바로 이들로부터 유래하였다. 이들 가운데에서도 가장 큰 영향력을 미쳤던 것은 사회과학의 발달에 따른 사회과학적 방법론이었다.[5)]

역사학과 사회과학의 접근이 이루어지자 독일의 역사주의가 몰락을 고했으며, 전통적인 역사연구 방법으로는 다루기가 곤란했던 대중의 행동, 문화이식, 도시화, 엘리트의 역할 등이 사회과학적인 방법론을 통하여 새롭게 분석되기 시작하였다. 그 결과 이 시기에 유럽 각국에서 두드러지기 시작한 역사연구의 동향은 프랑스의 아날학파(Annales)의 구조사(構造史), 독일의 사회사, 영국의 사회경제사 등이다.

---

5) 20세기 후반의 역사연구동향에 대한 자세한 내용은 다음 글들을 참고할 것. 게오르그 G. 이거스(Georg G. Iggers), 『현대사회사학의 흐름』(*New Directions in European Historiography*), 이민호·박은구 역(전예원 1982); 이광주·이민호 편, 『역사와 사회과학』(한길사 1981); 남현 양병우 박사 정년기념논총 간행위원회, 『역사가와 역사인식』(민음사 1989).

1) 프랑스의 구조사

프랑스에서 새로운 역사연구는 1950년대부터 아날학파에 의하여 주도되었고, 그들의 주요 연구방법은 장기적인 구조분석을 통한 역사연구이다. 그 같은 새로운 역사연구의 경향은 구래의 역사주의에 반발하기 시작한 20세기초까지 거슬러 오를 수 있다. 1906년 앙리 베르(Henri Berr)는 『종합역사학지』를 창간하면서, 역사학은 사회과학 특히 사회학과의 종합을 통하여 인간의 학문으로 고양되어야한다고 주장하였다. 또 뒤르껭(E. Durkheim)과 시미앙(F. Simiand)은 정치사 중심의 개별화적인 역사연구를 공격하고 통계적인 방법의 도입과 비교사적인 방법의 도입을 주장하였다. 기존의 역사학에 대한 이 같은 선구적인 비판과 새로운 역사연구방법의 시도는 페브르(Lucien Febvre, 1878~1955)와 블로크에 의하여 결실을 맺게 되었다. 이들은 1929년에 『사회경제사 연보』를 창간하여 사회사적이며 경제사적인 역사연구의 필요성을 강조하였다. 페브르는 『필립 2세와 프랑쉬-꽁테』(1911)에서 당시대 생활을 총체적으로 서술하려 시도하였다. 블로크는 『프랑스 농촌사의 기본 성격』과 『봉건사회』에서 농업사회사를 재구성하고, 총체적 사회환경으로서 중세라는 하나의 사회가 어떻게 나타났는가를 분석하고 있다.[6]

2차 세계대전 후 아날학파는 1946년에 『경제, 사회, 문명의 연보들』을 발간하면서 새로운 세대를 맞게 되었다. 이 학술지를 통하여 아날 2세대들은 지리학, 경제학, 사회학, 구조인류학, 언어학 등 인접학문과의 연계 속에서 역사학을 연구하여, 본격적

---

6) 김응종, 『아날학파』, pp. 15~88; 이거스, 『현대사회사학의 흐름』, pp. 63~80.

으로 역사학과 사회과학의 결합을 시도하였다. 아날 2세대를 대표하는 브로델(Fernand Braudel)은 『필립 2세 시대의 지중해와 지중해 세계』(1949)와 『역사와 사회과학, 장기지속』(1958)을 통하여 아날의 역사이론을 확립하였다. 그 가운데 중요한 것이 역사적 시간개념으로서 '장기지속'과 이 역사적 시간과 자연적 조건들 사이에서 형성되는 '구조'(structure)이다. 브로델은 역사가 이루어지는 시간을 개별적 시간, 사회적 시간, 그리고 지리적 시간의 세 단계로 나누었다. 그리고 그 같은 역사적 시간에 대응하는 역사적 사건을 사건사(事件史), 상황사(狀況史), 그리고 장기지속사(長期持續史)로 구분하였다.[7]

개별적 시간에 대응되는 사건사는 종래의 정치사적인 서술을 의미하는 것으로, 그것은 '짧은 시간의 경과' 속에서 나타나는 사건들을 조명하는 것이다. 그런데 이런 사건사는 사건의 내면에 포함된 더 장기적이고 더 지속적인 현상들을 파악해야만 그 의미를 제대로 이해할 수 있는 것이다.

사회적 시간에 대응하는 상황사는 역사에서 '주기적인 경과' 속에서 나타나는 현상들을 연구하는 것이다. 인구사회학적 동향, 생산력의 동향, 가격 및 임금의 동향, 제도와 문화의 동향에 대한 연구들이 이에 속한다. 브로델은 상황사를 경제적, 사회적인 측면에서의 변화연구뿐만 아니라, 학문과 기술, 정치제도와 종교제도, 정신생활 측면에서의 주기적인 변화를 종합적으로 연구하는 것으로 규정하고 있다. 브로델은 이들 연구들이 모두

---

7) 이거스, 『현대사회사학의 흐름』, pp. 81～111; 나종일, "브로델의 전체사", 『세계사를 보는 시각과 방법』(창작과 비평사 1992), pp. 211～68; 브로델(Fernand Braudel), "역사와 사회과학: 장기지속", 『역사학 논고』(*Ecrits sur l'Histoire*), 이정옥 역(민음사 1990), pp. 47～84.

종합될 때 사회사 연구가 절정에 도달한다고 생각하나, 그것으로 역사연구가 끝난다고 생각하지 않았다. 역사에서 오랫동안 지속되고 작용하는 초개인적이고 초민족적인 힘들에 대한 연구, 즉 장기지속사의 연구가 더해져 종합되어야 하기 때문이다.

역사에서 장기지속적인 힘들은 지리와 기후의 여건들, 생산과 교역을 지배하는 경제적 관계들, 사회계급을 규정하는 정치적·사회적 법률들, 이념과 가치체계, 문화 등이다. 이러한 장기지속적인 것들이 장기적인 '구조'로서, 전체 역사의 발전 속에서 지대한 영향을 미치는 것들이다. 따라서 이들 장기지속적인 힘들이 개인행위와 정치적 사건의 전제조건으로 파악되어야 하고, 역사사건들은 이러한 힘들의 상호작용으로부터 인과적으로 설명되어야 한다. 이것은 또한 역사연구가 모든 시대, 모든 분야, 그리고 모든 관점에서 종합된 전체사를 지향하는 것을 의미한다.8)

프랑스 아날학파의 역사연구 방법은 영국, 독일, 이탈리아, 폴란드, 헝가리 등 유럽의 모든 지역에 영향을 미쳤으며, 현재는 미국, 아시아, 아프리카에도 영향을 미쳐 가장 보편적인 역사연구 방법으로 자리잡고 있다. 그러나 아날학파의 역사연구가 지나치게 정치사를 무시한다는 비판과 더불어, 장기구조의 분석에 대한 연구가 19세기 이후 산업사회에서는 거의 이루어지지 않고 있다는 비판도 제기되고 있다. 또 일부 학자들은 과연 아날이 지향하는 전체사가 가능한가에 대하여도 회의적인 반응을 보이고 있다.

8) 민석홍, "아날르학파의 성립과 이론", 『역사와 사회과학』, pp. 11~26; 오주환, "아날르학파의 역사와 사론", 『역사와 사회과학』, pp. 27~57; 김응종, 『아날학파』, pp. 89~147.

2) 독일의 사회사

독일에서의 새로운 역사연구 동향은 1950년대 전통적인 역사연구에 대한 극복으로부터 본격화되었다. 그러나 독일에서의 움직임은 전통사학인 정치사에 대한 부정으로서가 아니라, 정치사를 긍정적으로 포괄하는 극복이었다. 이 새로운 역사연구 방향이 곧 사회사로, 정치사, 문화사를 배제하는 좁은 의미의 사회사가 아니라 국가정치를 포함한 모든 영역을 포괄하는 역사연구를 의미한다. 독일의 경우 이미 세기 전환기에 람프레히트가 문화사를 지향하는 역사연구를 주장한바 있으나, 마이어나 마이네케(Friedrich Meinecke, 1862~1954) 등의 전통적인 역사주의 노선에 따르는 정치사 중심의 학풍 속에서 이단시 되어왔다. 그러나 2차 세계대전에 대한 반성과 해외 학자의 귀국, 아날학파의 구조사 연구의 영향 등으로 사회사 연구가 일어나게 되었다.

1950년대 사회사 연구를 주도한 학자는 콘쩨(Werner Conze)와 부루너(Otto Brunner)로, 사회사와 정치사의 결합을 주장하고 사회의 내적 분석을 강조하였다. 콘쩨에 의하면 시민혁명 이후 분리된 국가와 사회가 산업사회에서는 더 이상 분리될 수 없게 되었다. 그 같은 이유는 사회의 생성과 변화에서 정치적으로 영향을 받지 않는 사회적 형성체는 없으며, 또 그 같은 사회적 형성체는 국가의 헌법과 정치행위에 영향을 미치게 되므로, 역사는 전체의 이해를 지향해야 하기 때문이다. 그 같은 사회사를 부루너는 '인간집단의 내면적인 구성과 구조를 중심점에 세우는 관찰 양식'으로 정의하고 있다. 즉, 집단들의 행위가 그 내적인 구조에 대한 인식 없이는 이해될 수 없듯이 지속적인 구조 역시 정치적인 사건들과 분리되어서는 안 된다는 것이다. 1960

년대 들어 쉬더(T. Schieder)와 몸젠 등에 의해 독일의 사회사에 관한 논의는 더욱 왕성해져, 사회사가 더 이상 좁은 의미로 이해되지 않게 되었다. 더 나아가서 이들은 독일의 사회사 개념과 프랑스의 구조사를 종합시키려 노력하였다. 1970년대 이후에는 벨러(Hans-Ulrich Wehler)와 코카(J. Kocka) 등이 이들을 잇고 있다.[9)]

벨러는 역사학을 사회과학으로 규정하고 역사학과 사회학의 협력을 강조하였다. 즉, 역사학은 과거를 대상으로 하여 개별적인 것을 취급하고 사회학은 현재를 대상으로 하여 일반적인 것을 취급한다는 기존의 견해를 거부하면서, 역사학자들은 역사주의의 틀을 벗어나 사회학적인 연구방법들을 수용하여 역사학을 하나의 과학으로 정립시켜야 한다고 주장하였다. 역사학과 사회학은 공통의 관심사에 대해 동일한 목표를 설정할 수 있기 때문에 상대방의 방법론을 수용할 수 있는데, 특히 사회사에서 그렇다고 생각하였다. 코카는 사회사의 연구가 정치, 경제, 예술, 이념, 종교 등 모든 분야의 역사를 종합하면서, 구조사적인 연구방법에 의존해야 한다는 점을 분명히 하였다. 독일의 사회사는 모든 분야를 장기구조 속에서 종합적으로 분석하려 했다는 점에서 정치사를 배제하려 했던 프랑스 아날학파의 구조사와는 다른 특징을 보이고 있다.[10)]

---

9) 허승일, "현대의 역사인식과 역사서술", 『서양사학사』, 반스, pp. 543~46; 이거스, 『현대사회사학의 흐름』, pp. 113~131. 이광주, "독일사학의 사회사적 전환: 구조주의 전개", 『현대사회사학의 흐름』, pp. 61~79.

10) 이거스, 『현대사회사학의 흐름』, pp. 131~180; 이민호, "사회구조사학", 『역사와 사회과학』, pp. 80~105; 이상신, "사회사의 개념과 방법론", 『역사와 사회과학』 pp. 106~44.

3) 영국의 사회경제사

영국의 경우는 프랑스나 독일처럼 역사연구 방법론에 두드러진 변화가 나타나지 않았다. 그렇기는 하나 1920년대 이후 문학적 역사서술 경향이나 사료에 대한 엄격한 비판 작업의 결여를 극복하기 시작하였다. 특히 네이미어(L. Namier)는 1929년 『조지 3세 즉위시의 정치구조』와 1959년 『역사의 행로』라는 저서를 통하여 휘그당과 토리당의 정당 대립 중심으로 해석해오던 영국의 정치사를 비판하였다. 네이미어는 당시의 정당이 전국적으로 잘 조직된 단체라는 기존의 해석을 비판하고, 당시 의회정치의 구조와 기능을 구조적으로 분석하였다. 네이미어는 하원의원들의 신상관계를 조사하여 정당을 가족과 교우, 이익단체 등과 연결된 집합체로 규정하였다.[11] 네이미어의 그 같은 결론은 의회정치의 근저에 놓인 사회구조를 분석하여 얻어진 것이다. 이로부터 영국의 역사가들은 새로운 역사연구 방법인 구조사적인 연구방법에 관심을 갖게 되었다.

구조사적인 연구방법에 관심을 가진 초기의 역사가들은 토니(R. H. Tawney), 파워(Eileen Power), 애쉬톤(T. S. Ashton) 등으로, 사회학의 비교와 추론의 방법, 사건의 구조적 접근, 사회적·경제적 현상들의 상호 연관관계의 파악 등에 관심을 보이고 있다. 영국의 역사연구에서 사회경제적 요인을 강조하는 연구방법과 학풍이 두드러지기 시작한 것은 1964년 케임브리지 대학에서 '인구사와 사회구조사를 위한 케임브리지 그룹'이 형성되면서부터이다. 이들은 각 시대의 인구관계, 가족관계, 촌락관계, 계층관

11) 나종일, "네이미어의 사회경제사", 『세계사를 보는 시각과 방법』, pp. 272~74.

계, 결혼관계, 출생 및 사망관계 등의 사회현상의 연구에 집중하고 있으며, 그 같은 현상들을 산업혁명에 수반되는 사회구조의 변화관계를 해명하는데 이용하고 있다. 이들의 노력은 1960년대 중반 이후 수많은 업적을 남겼으며, 1970년대 중반 이후부터 이들의 연구 방법론은 지역사 분야를 대상으로 확대되고 있다. 케임브리지 그룹의 대표적이 역사가로는 더스크(Joan Thirk), 호스킨즈(W. G. Hoskins), 라슬레(Peter Laslett), 스미스(Richard M. Smith), 다이어(Christopher Dyer) 등이 있다.[12)]

한편 비교적 늦게 도입된 마르크스주의적 역사연구방법이 영국에서는 사회과학적 연구방법과 융합하여 많은 성과들을 낳았다. 힐(Christopher Hill), 힐튼(Rodney H. Hilton), 톰슨(E. P. Thompson), 앤더슨(Perry Anderson), 홉스봄(Eric Hobsbawm) 등이 대표적인 연구자들로, 이들은 마르크스 이론의 기계적·유물론적 해석과 또 경제이론과 계량기술을 통한 편협한 물질주의 이론을 모두 배격하고 사회사적 연구에 합류하고 있다. 이들은 경제적, 사회적 제 조건들과 함께 계층간의 상호관계가 역사진행의 근저에 놓이는 근본적인 요소로 강조하고 있다.[13)]

4) 미국의 지성사와 사회사적 접근

19세기말 랑케적 사실주의 연구에 큰 영향을 받았던 미국에서의 역사연구는 20세기초에 실용주의의 영향을 받아 역사의 실용성을 강조하게 되었다. 로빈슨(J. H. Robinson)은 1912년에

---

12) 이거스,『현대사회사학의 흐름』, pp. 223~51.

13) 이거스,『현대사회사학의 흐름』, pp. 223~51; 허승일, “현대의 역사인식과 역사서술”, pp. 543~47.

간행된 『신사학』에서 역사학을 실용학문으로 규정하고, 역사학이 당면한 사회문제를 해결하거나 또는 미래사회를 건설하는데 기여할 수 있어야한다고 주장하였다. 역사학이 현재에 유용한 역할을 해야한다는 현재적 실용주의는 특히 지성사(Intellectual History)에서 잘 보여주고 있다. 지성사라는 말은 미국에서만 사용하는 용어로, 지식계급에 의하여 형성된 사상의 역사를 연구하는 것으로 정의할 수 있다. 지성사를 연구하는 목적은 지식계급의 정신상태와 그들의 지식범위를 관찰하고 현대사회가 물려받은 지적유산을 해명하여, 현재 이 사회에서 살고 있는 우리들이 사회환경에 더 잘 적응할 수 있도록 하는데 있다. 요컨대 지성사란 유럽에서 정신사, 사상사 등으로 불리는 분야로, 미국에서는 그 분야의 연구목적을 실용적으로 설정하여 지식계급의 정신활동 및 그 영향력을 연구하는 역사분야를 말한다.

미국에서 지성사가 붐을 일으킨 것은 1940년대 이후로, 러브조이(J. A. Lovejoy)에 의하여 『이념사학지』가 간행되었고, 휴즈(S. H. Hughes), 브린튼, 길버트(C. Gilbert) 등에 의하여 폭넓은 연구성과가 나타났다. 휴즈는 일반대중의 사상과 그 실천을 취급하는 것은 사회사로 규정하고 엘리트의 사상과 그 변화를 취급하는 것만을 지성사로 정의하였다. 그에 비하여 브린튼은 지성사를 철학자, 지식인, 사상가들의 사상과 더불어 이들 사상과 대중들의 사고 및 행위와의 관계를 분석하는 연구로 정의하여 그 범위를 확대하였다. 즉, 브린튼은 지성사를 인간의 정신활동이 만들어낸 것과 그것으로부터 영향을 받은 것들을 모두 다 연구하는 것으로 본 것이다. 길버트 역시 브린튼과 비슷하게 지성사를 한 시대의 시대정신을 재건하는 것으로, 때로는 한 개인의 때로는 한 집단의 정신을 재구성하는 것으로 보고 있다. 그러나 지성사의 연구는 1960년대부터 비판의 대상이 되었다. 특히 주로 엘리트의 가치를 반영하는 소수의 역사라는 점에서 그랬다. 그와 더불어 미국의 역사연구도 프랑스의 구조사와 독일 사회사의 영향으로 역사연구의 동향이 사회사로 접근하는 경향을 보이기 시작하였다.14)

사회사적 연구는 1960년대 활기를 띠는 신도시사에서 두드러졌다. 1960년대 이전에도 도시화의 사회문제를 다루던 도시사가 진행되고 있었으나, 일관성 없는 연구방법 등으로 별 호응을 받지 못하였다. 사회사로서 신도시사가 활기를 띠게 된 것은 1960년대 중반 이후에 등장하는 신좌파학자들의 연구와 깊은 관련을 갖는다. 이들은 기존의 도시사가 간과했던 흑인문제, 여성문제, 소수민족문제, 노동자문제 등의 인구통계학적 사회문제를 계량적으로 분석하여 신도시사로 붐을 일으켰다. 이 같은 경향은 1964년 선스트롬(S. Thernstrom)의 『빈곤과 진보 : 19세기 한 도시에서의 사회적 이동』의 연구가 분수령이 되었다. 그후 새로운 세대의 신도시사 연구는 1974년 『도시사학지』를 간행케 했으며, 이들 새로운 세대는 다양한 차원에서 도시의 내적 구조 및 조직을 연구하고 있다.15)

---

14) 이상신, 『서양사학사』, pp. 837～43.

15) 배영수, "도시사의 최근 동향", 『서양사연구』, 제17집(서울대학교 서양사연구회 1995), pp. 235～57; 이거스, 『현대사회사학의 흐름』, pp. 253～303; 허승일, "현대의 역사인식과 역사서술", pp. 543～47.

제14장
:
오늘의 역사연구 동향

1. 포스트모더니즘의 도전과 역사학

구조사가나 사회사가들의 역사연구 방법은 최근 20여 년간 포스트모더니즘에 영향을 받은 일군의 역사가들에 의하여 도전을 받고 있다. 이들은 거시적이며 장기적인 구조변화를 중시하는 역사연구로는 살아 있는 인간의 실제 관심사와 이해관계를 제대로 파악할 수 없다고 보고, 역사연구의 관심을 '문화'로 이해되는 일상생활과 일상경험으로 돌렸다.

기존의 역사연구 방법에 대한 도전은 근대 서구문명에 대한 환멸과 근대 과학적 연구방법에 대한 비판과 맥을 같이 하고 있다. 20세기 두 차례에 걸친 세계대전의 비극은 이성과 과학에 대한 계몽주의적 믿음을 엷게 만들고, 과학적인 역사 연구방법에 대하여 회의하도록 만들었다. 기존의 역사연구 방법에 대한 회의는 특히 1970년대 이후 근대 자본주의의 위기와 중산층의 불안감이 확산되는 사회와 문화환경의 분위기를 반영하고 있다.

지난 20여 년간 역사학의 주제는 사회 구조라는 거시적인 것으로부터 일상 생활이라는 미시적인 것으로 바뀌고 있다. 이 기간 동안 일군의 역사가들은 거시 역사적 · 거시 사회적 과정에 대한 연구를 미시사(micro history)로 부르는 것으로 대체하고자 하였다. 여기서 미시사란 구체적인 개인들로 이루어진 소규모 사회적 현상을 집중적으로 연구하여, 그 현상이 지니는 역사적인 의미를 복합적인 사회관계의 그물망 속에서 구체적으로 파악하는 것을 의미한다. 이들 미시사는 특히 일상생활이라는 넓은 의미의 문화를 강조하면서 기어츠(Clifford Geertz)의 인류학과 긴밀한 연관을 맺고 있다. 이들은 문화란 텍스트(예컨대 외국어로 쓰여진 문헌)처럼 의미를 해석해야 하는 것으로 보고, 새로운 문화사로서의 미시사는 전통적인 역사학처럼 과거의 사실을 '설명(explanation)'하는 것이 아니라, 텍스트의 역할을 하는 문화적 표현들의 의미를 재구성는 '해석(explication)'에 관심을 기울여야 한다고 생각한다. 또 이를 위하여 인류학에서처럼 '두꺼운 묘사(thick description)'[1]를 통하여 인간의 행위속에 담긴 의미구조를 파악해야 한다고 생각한다.

이 같은 미시적 문화사가 다루는 주제는 개인이나 소집단에

1) 기어츠에 의하면 단순한 눈깜빡임과 윙크는 눈을 찡그린다는 현상적 표현으로는 동일하다. 그렇지만 윙크 속에는 단순한 눈깜박임과는 달리 특정사회가 지니고 있는 의미구조를 내포하고 있다. 이처럼 인간행위의 내면에 존재하는 의미체계를 분석하는 묘사를 '두꺼운 묘사'라 한다. 기어츠(Clifford Geertz), 『문화의 해석』(*The Interpretation of Cultures : Selected Essays*), 문옥표 역(까치 1998), pp.11~20. 현재 우리나라에서 'thick description' 이라는 용어는 '두꺼운 묘사'(조한욱), '중층 기술'(문옥표), '촘촘한 기술'(곽차섭), '치밀한 묘사'(김기봉), '두터운 묘사'(나종석) 등으로 다양하게 번역되고 있다. 헌트(Lynn Hunt), 『문화로 본 새로운 역사』(*The New Cultural History*), 조한욱 역(소나무 1996) ; 기어츠, 『문화의 해석』 ; 곽차섭 편, 『미시사란 무엇인가』(푸른역사 2000) ; 김기봉, 『'역사란 무엇인가'를 넘어서』(푸른역사 2000) ; 알프 뤼트케(Alf Lüdtke), 『일상사란 무엇인가』(*Alltagsgeschichte*), 나종석 외 역(청년사 2002).

서 일상적으로 일어나는 서민들의 의식주의 문제, 노동과 여가 활동의 문제, 질병과 죽음의 문제, 가족생활과 이웃과의 관계 문제, 신앙과 공동체의 관습 문제 등 다양하다. 미시적 문화사는 다루는 주제에 따라 일상사(日常史)나 심성사(心性史), 또는 신문화사(新文化史) 등으로 분류할 수 있다.[2)]

2. 일상사

미시사로서 일상사[3)]라 불리는 역사연구는 1970년대 중반 서독에서 시작되었고, 1980년대부터 활성화되기 시작하였다. 일상사의 연구가 시작될 당시 독일은 전후 재건과 성장, 그리고 개혁을 추구하던 낙관적이고 미래지향적인 분위기가 퇴조하고 있었다. 환경운동과 반핵운동이 말해주듯이 과학문명의 위험성에 대한 우려와 불안이 고조되고 있었고, 또 산업화에 따른 인간상실과 소외감이 전통에 대한 강한 향수를 불러일으키고 있었다.

---

2) 오늘의 역사연구 동향에 대하여는 다음 글들을 참고할 것. 안병직 외, 『오늘의 역사학』(한겨레신문사 1998); 헌트, 『문화로 본 새로운 역사』; 에번스(Richard Evans), 『역사학을 위한 변론』(*In Defence of History*), 이영석 역(소나무 1999); 이거스(G. G. Iggers), 『20세기 사학사』(*Historiography in the Twwntieth Century, From Scientific Objectivity to the Postmodern Challenge*), 임상우, 김기봉 역(푸른역사 1998); 곽차섭 편, 『미시사란 무엇인가』; 조한욱, 『문화로 보면 역사가 달라진다』(책세상 2000); 슐룸봄(J. Schlumbohm), 『미시사와 거시사』(*Mikrogeschichte Makrogeschichte*), 백승종 외 역(궁리출판사 2001).

3) 일상사에 대하여는 다음의 글들을 참고할 것. 안병직, "일상의 역사란 무엇인가", 『오늘의 역사학』, pp. 23~78; 김기봉, "독일 일상생활사, 어디서 와서 어디로 가는가", 『서양사론』 50, 1996; 문기상, "일상생활사", 『역사교육』 57, 1995.

그 같은 사회분위기 속에서 일군의 젊은 역사학자들을 중심으로 일상사(日常事) 속에서 삶의 뿌리를 찾아 자아발견과 각성의 계기로 삼자는 취지의 '새로운 역사운동'이 펼쳐졌다. 이들의 운동이 곧 일상사라는 이름으로 대중적인 관심을 끌고 인기를 누리게 되었는데, 그 같은 이유는 무엇보다도 연구 주제인 일상생활이 주는 친밀감 때문이었다. 이들은 서민으로 표현되는 하층 대중의 의식주, 노동과 여가활동, 질병과 죽음, 가족생활과 이웃과의 관계, 신앙과 공동체적 관습 등 평범한 개인이나 집단의 일상적인 경험을 다루어 그들의 삶이 구체적으로 어떠했는가를 보여주었던 것이다. 말하자면 자신들의 고향과 뿌리를 확인하고 싶어하는 일반대중의 욕구를 충족하고 관심을 자극하는 '우리 자신들의 역사'를 다루었던 것이다.

일상사 연구는 여러 특성을 보여주고 있다. 우선 기존의 구조사나 사회사는 개별적인 사건이나 인물, 또는 행위보다는 그 결과인 구조의 과정을 파악하는데 중점을 두고 있다. 그에 비하여 일상사는 구조사를 '인간이 상실된 역사'로 보고, 구조적인 변화가 아닌 구조변화에 대한 개인이나 집단의 인식과 경험, 그리고 해석에 더 큰 관심을 갖는다. 예컨대 사회적 유동의 문제에서 기존의 사회사는 결혼이나 직업선택에 의하여 계층 사이의 신분 변화가 어떤 패턴으로 어느 정도 이루어졌는가를 연구하고 있으나, 일상사에서는 사회적 신분 유동이 개인 당사자에게는 어떻게 경험되고 또 그것이 무엇을 의미하는가를 파악하고 있다. 둘째, 연구방법에 있어서 구조사가 장기적인 구조와 과정이라는 역사의 객관적인 측면을 중시하는데 비하여 일상사는 개인이나 집단의 인식과 경험이라는 주관적인 측면을 강조하고 있다. 구조사는 일반화를 이용하여 분석 대상을 기존의 개념틀로 분석한다. 따라서 기존의 개념틀에 부합되지 않는 개별적인 현상과 독자성은 무시된다. 그에 비하여 역사를 인식 대상의 내적 논리에 따라 파악하는 일상사는 역사가 통일적이고 단선적으로 발전한 '하나의 역사'가 아닌 '여러 역사'를 상정하고 있다. 셋째, 따라서 일상사에서 취급하는 것은 거시적 차원의 분석 대상이 아니라 미시적 차원의 분석 대상이다. 일상사는 한 마을, 한 가족, 심지어는 한 개인이나 축제, 파업 같은 단일 사건을 취급하여, 일상적 경험에 대한 생활방식과 처리방식을 연구한다.

일상사 연구의 실례는 독일 루르 탄광 노동자들의 주거와 음주 형태를 연구한 브뤼게마이어(F. Bruggemeier)와 니타머(L. Niethammer)의 연구를 들 수 있다.[4] 노동자 가정에 젊은 독신 광부를 하숙시키는 반공개적인 가족구조와 목로주점과 화주(火酒)클럽에서의 음주에 대하여 기존의 연구들은 그 같은 상황이 노동자들의 성적 방종을 조장하고, 주정과 태만, 그리고 궁핍과 가정파탄을 일으키는 요인으로 분석하였다. 그에 대하여 일상사가들은 그 같은 주거형태가 광산노동자들이 낯선 환경에 쉽게 적응하여 동화할 수 있게 하고, 또 숙소제공자의 생계에도 도움이 되는 것이었음을 밝히고 있다. 또 목로주점과 화주클럽에서의 음주는 노동자들이 삭막한 환경에서의 휴식이며 동료와의 사교였고, 더 나아가서 일상적인 문제 해결과 상호 유대의 수단이었음을 밝히고 있다.

독일의 경우 일상사 연구가 크게 진행된 또 다른 분야는 나치즘에 대한 것이다. 이들은 새로운 사료의 발굴과 이용을 통하여

4) 안병직, "일상의 역사란 무엇인가", pp. 42～52.

새로운 연구결과를 내놓고 있다. 일상사가들이 볼 때 기존의 나치즘 연구는 전체주의나 파시즘의 이론처럼 거시이론에 근거한 것이고 경험적인 것이라기보다는 연역적인 것이었다. 그리고 그것은 나치체제를 위로부터의 지배와 통치라는 관점에서 분석한 것이었다. 따라서 기존의 연구에서 일반 대중은 기껏해야 통제의 대상이었고 지배와 억압의 대상이었을 뿐이었다. 그에 비하여 포이커트(D. Peukert)는 일기와 비망록, 서한, 사진, 비밀경찰의 여론분석보고서 등을 이용하여, 나치즘에 대한 광범위한 지지는 외면상의 모습일 뿐 내면적으로는 국민들이 일상생활을 통하여 소극적인 저항을 하였다고 분석하였다. 예컨대 1930년대 후반 군수산업 분야의 노동자들이 노동을 통제하려는 나치정권에 대하여 지각과 결근, 불량품 제조, 태업, 직장이탈 등으로 대응하려는 경향을 뚜렷이 보여주고 있다. 이는 나치정권에 대하여 일반국민들이 소극적이고 수동적이기는 하나 저항을 했다는 의미로 해석되는 것이다. 이 같은 해석을 통하여 일상사가들은 독일국민들이 무기력하게 나치정권에 순응하였다는 부끄러운 역사상을 교정하려 시도하고 있다. 또 나치즘의 출현을 '독일사의 특수성'으로 보려는 대신에 산업사회로의 발전에서 나타나는 일반적인 병리현상으로 해석하려 하고 있다.5)

이러한 일상사의 연구는 기존의 구조사에서 소홀히 했던 인간경험의 새로운 측면을 부각시키고, 서민대중의 능동적이고 적극적인 삶의 모습을 구체적으로 재발견했다는 점에서 긍정적인 평가를 받고 있다. 또 그를 통하여 역사의 대중화에 이바지했다는 점에서도 긍정적인 평가를 받고 있다. 그러나 역사연구

5) 안병직, "일상의 역사란 무엇인가", pp. 52～67.

가 구조적인 분석을 배제한 채 경험의 재구성만으로는 논리적이고 체계적인 해석에 도달할 수 없다는 점에서 부정적인 평가도 받고 있다. 미시적 경향으로 흐르는 일상사의 특수한 사례가 일반적인 역사의 흐름과 일치하는가의 문제와, 또 이론 없이 추구되는 세분화된 개별연구들이 종합될 수 있는가의 문제가 일상사가 안고 있는 가장 큰 취약점이기 때문이다. 이 같은 점들을 고려해 볼 때 일상사는 기존의 사회사에 대한 대체 연구방법이 아닌 보완적인 연구방법으로서 수용되고 발전되어야 할 것으로 전망된다.

3. 심성사

심성사(histoire des mentalites)[6]란 단순한 관념이 아니라 사회경제적 실체에 뿌리를 가진 정신을 연구하는 역사로, 이성적인 사고뿐만 아니라 감성까지를 포괄하며 엘리트의 심리가 아닌 민중의 집단심리를 탐구대상으로 한다. 이 같은 심성사는 아날학파의 출범에서 그 기원을 찾을 수 있으나, 직접적으로는 1980년대 이후 아날 제3세대의 역사가들의 역사학을 지칭한다. 달리 말하면 심성사는 아날 제1세대에서 시작되었으나 제2세대의 공백을 지나 제3세대에서 만개되었다. 심성사가들이 다루는

6) 심성사에 대하여는 다음의 글들을 참고할 것. 김응종, “심성사의 여러 모습”, 『오늘의 역사학』, pp. 79~131; 김응종, 『아날학파』; 김응종, 『아날학파의 세계』; 김영범, “망탈리테사: 심층사의 한 지평”, 『사회사 연구와 사회이론』, 한국사회사연구회 논문집 31, 1991; 김정자, “망탈리테사의 가능성과 한계점-영국 마르크스주의 사회사가들의 비판적 논의를 중심으로”, 『서양사론』 31, 1988.

대상은 가족, 공동생활, 전통적인 사회의 유대관계, 신화, 축제, 민중문화, 종교의식, 상징성, 이데올로기, 결혼, 성, 범죄, 광기, 죽음, 일상생활 등 기존의 사회사나 구조사에서 등한시했던 이른바 '잃어버린 세계'들이다. 또 엘리트 문화와 구분되는 민중문화의 독자성, 엘리트 문화와 민중문화의 상호 교류성을 다루고, 엘리트문화가 어떻게 민중에게 수용되는가 등의 문제도 다루고 있다.

심성사 연구의 초기 실례는 블로크의 『기적을 행하는 왕』(1924)과 『봉건사회』에서 찾아볼 수 있다.[7] 중세이래 프랑스와 영국의 왕은 초자연적인 능력을 부여받은 존재로, 왕이 환자에 손을 대면 연주창(連珠瘡)이라는 병을 치료한다는 믿음이 퍼져 있었다. 그 같은 믿음에 대한 블로크의 연구는 왕의 신성성 및 권력 이데올로기, 그리고 미신적 현상이 함께 용해되어 있는 민중의 집단심리를 분석한 글이다. 블로크에 의하면 그 같은 믿음은 6세기부터 시작되었는데, 이는 초자연적인 왕의 능력과시로 왕권강화와 관련이 있는 '제조된 관념'이었다. 왕이 병을 고친다는 것은 '집단심리'의 문제로, 낫지 않으면 환자의 신앙심의 부족 탓이므로 낫지 않았어도 나았다고 소문을 냈다. 중세인들이 이런 기적을 믿었던 것은 '믿기를 원하는 시대'였으므로, '기적이 있어야 한다'는 기대심리 때문이었다. 이는 중세인들의 미신적 심성에 근거한 이데올로기였으므로, 르네상스와 종교개혁, 그리고 계몽주의 시대를 거치면서 사라져갔다.

블로크에 의하면 봉건사회는 9세기 이후 아랍, 헝가리, 노르만의 침입으로 유럽이 겪은 극심한 혼란과 불안의 심리적 토양

7) 김응종, "심성사의 여러 모습", pp. 79～131.

에서 탄생하였다. 혈족의 유대관계를 통해서 자신과 가족을 지킬 수 없었던 당시인들은 더 이상 불안을 이겨낼 수 없었다. 그 같은 상황하에서 지배층이건 피지배층이건 새로운 인적종속관계에 굴복할 수밖에 없었던 것이다. 그것이 바로 봉건제인 것이다. 블로크는 중세초 유럽인들의 삶의 조건들과 이민족의 침입, 그리고 심성적 분위기의 변화를 분석하여 봉건제도의 탄생을 해명한 것이다.[8)]

제3세대의 대표적인 연구는 1981년에 저술된 르 고프(J. Le Goff)의 『연옥의 탄생』이다. 르 고프는 '중세인들은 왜 연옥에 대해서 생각했는가'를 연구하여 중세인들의 사고방식에 대하여 고찰하였다. 르 고프의 언어학적 고찰에 의하면, 'in purgatorio' 라는 말에서 12세기말에 '정화하는'이라는 형용사 외에 '연옥' 이라는 명사가 나타났다. 따라서 12세기말까지 연옥은 존재하지 않았다. 그렇다면 왜 12세기말에 '사고의 공간화'가 이루어졌는가? 르 고프의 연구에 의하면, 이는 봉건사회의 3위계를 반영하고 있다. 즉, 지상의 신분질서가 권력 있는 자와 가난한 자, 성직자와 속인의 2위계에서 기도하는 자, 싸우는 자, 일하는 자의 3신분체계로 정립된 당시의 사회상황을 반영하고 있다. 즉, 중간 계급의 존재가 정립되자, 중간 개념의 출현이 시간적, 공간적으로 연옥이 탄생하는 토양이 되었던 것이다. 여기서 사자(死者)는 '천국'과 '지옥'이라는 2분된 사후세계에서 죄의 사면이 가능한 '연옥'이 덧붙여진 3분된 사후 세계를 갖게 되었다. 사자는 죄의 경중과 대도(代禱)의 중요성에 따라 연옥에서 머무는 기간이 달라지는 것으로 생각되었는데, 바로 여기서 당시의

8) 블로크, 『봉건사회』.

교회는 연옥을 탄생시킬 필요성을 느끼고 있었다. 즉, 사자를 위한 기도는 산 자에 대한 교회의 권한을 강화하여 교회의 경제적 수입을 증대시킬 수 있었기 때문이었다. 르 고프에 의하면 연옥신앙이 일반 민중들에게 크게 확산된 것은 페스트와 전쟁으로 성사를 받지 못하고 대량으로 사망한 영혼들이 산 자들의 마음을 괴롭히던 중세 말에 이르러서였다.9)

이 같은 심성사에 대하여 심성사가들은 심성사가 심성이라는 좁은 영역에 국한된 부분적인 역사가 아니라, 심성이라는 창을 통하여 전체를 조망한다고 주장한다. 또 심성사는 대체로 사회사적인 토대 위에 있어, 사회사와의 단절이 아닌 연속 위에서 역사적 사실을 파악한다고 주장한다. 그러므로 사회사적 토대 위에 서 있는 심성사는 민중을 수용함으로써, 기존의 엘리트적인 사상사나 지성사와는 방향을 달리한다는 것이다. 이상과 같은 심성사가들의 주장을 모두 인정한다 해도 심성사의 연구가 문제점이 없는 것은 아니다. 무엇보다도 이른바 '시대착오'의 문제이다. 즉, 심성사에서 전제하는 대로 각 시대마다 고유한 심성적 세계를 갖는다면, 역사가는 자신의 심성적 세계와는 다른 심성적 세계에 살았던 사람들을 어떻게 이해할 수 있는가? 또 같은 시대에 살았던 사람들은 모두 동일한 심성적 세계에 속하는 것인가? 심성사의 또 다른 문제점은 많은 심성사가 미시적인 문제를 다루는데서 제기되는 것이다. 미시적인 역사가 전체 역사를 대표할 수 있는가의 문제는 심성사뿐만 아니라 미시적인 주제를 다루는 최근의 일상사나 신문화사도 공동으로 안고

---

9) 김응종, 『아날학파의 역사세계』, pp. 301~11; 김응종, "심성사의 여러 모습", pp. 106~10; 르 고프(Jacques Le Goff), 『연옥의 탄생』(*La naissance du purgatoire*), 최애리 옮김(문학과 지성사 1984) 참고.

있는 취약한 점이다. 심성사는 민중의 집단심리를 역사연구의 대상으로 끌어냈다는 점에서 역사연구의 발전에 기여하고 있으나, 역사가의 '시대착오' 문제와 대표성의 문제 즉, 일반화의 문제에 대해서는 여전히 취약성을 내포하고 있다.

4. 신문화사

기존의 역사가들이 '사회'라는 초개인적인 총체성을 통해서 과거를 이해했던 데 비해, 최근의 새로운 역사연구자들은 '문화'를 매개로 과거에 대하여 새롭게 이해하려 하고 있다. 이들은 현재적 삶의 문제틀에 입각한 분석도구를 이용해서 과거의 역사적 사실을 재구성하는 기존 사회사가의 시도는 대화가 아니라 독백으로 규정한다. 과거와의 진정한 대화는 과거인들이 당시의 삶 속에서 무엇을 중요시했고 또 어떤 방법으로 그것을 성취했는가를 결정하는, 그들 삶의 의미체계를 이해하는 것에서 가능하다. 과거인들도 우리와 마찬가지로 세계를 이해하는 가치체계들을 지녔고, 또 그것들이 삶의 의미를 생산하고 재생산하는 데 작용했는데, 우리는 이를 '문화'의 개념으로 총칭할 수 있다. 과거인들과의 대화는 이러한 가치체계를 이해한 다음에 가능한 것이며, 그렇지 않으면 시대착오적인 것이 될 것이다. 우리는 문화를 역사의 중심 연구대상으로 부각시켜, 문화적 현상에 담겨 있는 역사적 의미를 해명하려는 역사연구방법을 신문화사 10)로 규정할 수 있다. 신문화사의 연구에 대한 구체적인

10) 신문화사에 대하여는 다음의 글들을 참고할 것. 김기봉, "역사서술의 문화사적 전환과 신문화사", 『오늘의 역사학』, pp. 133~98; 헌트 편, 『문화론

예를 1980~90년대에 연구된 '발리섬의 수탉 싸움'(1987)과 『고양이 대학살』(1984)을 통하여 살펴보자.

기어츠에 의하면 레비스트로스(Claude Levi-Strauss, 1908~1991)의 구조주의 인류학은 비역사적이다. 왜냐면 구조주의 인류학에서는 신화, 토템적 제례, 결혼의 규칙 등을 결정하는 문화적 구조가 역사적으로 형성된 것이 아니라 본질적으로 존재하는 것으로 보기 때문이다. 따라서 이들은 문화의 보편구조를 발견하고자 노력하며, 문화를 해석의 대상이 아니라 설명의 대상으로 보고 있다. 이에 비하여 기어츠는 인류학적 주제인 원주민의 문화를 역사의 해석학적 방법을 도입하여 설명하고자 하였다. 기어츠에 의하면 원주민(과거)의 문화가 우리(현재)의 문화와 다르다면, 카가 정의하는 '현재와 과거와의 대화'는 처음부터 불가능한 것이 된다. 왜냐하면 의미와 무의미의 코드를 결정하는 것이 문화이기 때문이다. 따라서 인류학자가 원주민의 문화를 이해하려는 것은 마치 난해한 텍스트의 의미를 해석하는 것과 같다고 생각하였다. 기어츠가 원주민의 문화를 외국어로 쓰여진 텍스트를 해석하듯이 그 낯선 의미구조를 해독했던 유명한 예가 '발리섬의 수탉 싸움'이다.[11]

1958년 4월 인도네시아 발리섬에 들어간 기어츠는 전통적인 수탉 싸움을 구경하였다. 이 수탉 싸움은 야만적인 놀음에 후진적인 행위로, 퓨리턴 정신에 위배되는 것으로 생각되어, 네덜란드 식민통치자는 물론 독립 후 인도네시아 정부에서도 금지했

본 새로운 역사』; 조한욱, 『문화로 보면 역사가 달라진다』; 정현백, "역사 연구에서 '문화'의 역할", 『역사교육』 56, 1994; 주명철, "프랑스 역사학의 새 경향-사회문화사 연구방법", 『역사비평』 23, 1993.

11) 김기봉, "역사서술의 문화사적 전환과 신문화사", pp. 133~98.

던 놀이였다. 기어츠는 수탉싸움 구경 도중 경찰의 단속에 원주민과 같이 도주하다가, 수탉싸움이 발리섬 문화의 핵심을 이루는 상징적인 행위의 복합체임을 깨닫고 수탉싸움에서 발리섬 사람들의 삶의 의미체계를 해독하는 열쇠를 발견하였다. 발리섬 남자들이 수탉을 애지중지하고 또 수탉을 위해서 많은 시간을 할애했던 이유는 수탉싸움에서 승리해서 돈을 번 것 때문이 아니라, 우승을 통해서 사회적 위신을 높이고 그럼으로써 상징적 권위를 획득하기 때문이었다. 원주민에게 수탉은 남성적 권위의 상징이었던 것이다. 발리섬의 원주민들은 수탉싸움을 통해서 강한 수탉을 소유하고 있다는 것을 과시하여, 강한 남자로서의 자아를 실현하고 있었던 것이다. 이는 개인의 영광이었고, 가문의 명예였다. 그 같은 명백한 증거는 수탉싸움에서 패배했을 경우 가보를 박살내거나 그런 운명을 부여한 신들을 모욕하기도 하는 것에서 드러나고 있는데, 이는 상징적인 의미에서 자살을 의미하는 것이었다. 발리섬 원주민에게 수탉싸움은 위신과 존경을 획득할 수 있는, 사회적 신분상승의 기회였던 것이다. 또 수탉싸움은 씨족 공동체와 부락공동체의 정체성을 함양하는 행사였다. 수탉싸움에 몰두하는 관중은 내기에 참여하는데, 그들은 결코 자기 가문이나 자기부락을 대표해서 출전한 수탉 이외에는 돈을 걸지 않았다. 그들은 동족의 수탉이나 같은 부락에서 나온 수탉에게 정신적, 물질적 응원을 보냄으로써 자신의 정체성을 확인하고 공동체의 의식을 배양했던 것이다. 요컨대 발리섬 원주민들은 수탉싸움이라는 상징적 의식을 통해서 남자다움, 분노, 우월, 상실감, 자비, 행운 등 인생의 주요한 테마들을 구현하고 경험했던 것이다.[12]

---

12) 기어츠(Clifford Geertz), 『문화의 해석』(*The Interoretation of Cultures:*

신문화사가인 로버트 단턴(Robert Darnton)에 의한 『고양이 대학살』은 역사인류학적 연구의 대표적인 한 예를 보여준다. 1730년대 프랑스 자크뱅상 인쇄공들의 삶은 매우 고생스러웠다. 이들은 새벽부터 밤늦게까지 혹사당하고, 고된 노동 외에도 주인과 주인마님의 참기 힘든 모욕도 받았다. 자크뱅상의 한 인쇄소에서는 주인마님이 애지중지하는 고양이만한 대우도 받지 못하였다. 인쇄공들은 주인과 주인마님에게 받은 모욕을 고양이에 대한 복수에서 풀려는 음모를 꾸며, 고양이 소리에 능한 한 직공이 밤마다 지붕 위에 올라가 주인 침실 근처에서 오싹할 정도로 고양이 울음을 반복하여 그들의 수면을 방해하였다. 그 결과 주인마님은 그녀가 총애하는 그리스라는 고양이를 놀라게 해서는 안 된다는 특별한 주의와 함께 고양이들을 없애라는 명령을 내렸다. 복수의 기회를 얻은 인쇄공들은 그리스까지를 포함하여 눈에 띄는 대로 고양이를 잔인하게 죽이는 대학살을 저질렀다. 이러한 고양이 대학살은 그들에게는 너무나 신나는 일이었다. 그래서 노동자들은 그때의 환희를 되살리기 위하여 그 일을 기념하는 축제를 만들고 광대극을 통하여 재연하는 의식을 되풀이하였다.[13]

20년 후 콩타라는 인쇄공이 이 이야기를 기록으로 남기면서, 콩타는 그 사건을 노동자와 '부르주아' 사이의 운명적인 불평등 속에 위치시켰다. 단턴은 그 사건에서 두 문화 사이의 갈등구조를 읽어내고 그것을 역사적으로 자리매김 하였다. 단턴의 해석에 의하면 첫째, 당시 인쇄공(수공업 노동자)과 주인(수공업 장

Selected Essays), 문옥표 역(까치글방 1998) 참고.

13) 로버트 단턴(Robert Darnton), 『고양이 대학살-프랑스 문화사 속의 다른 이야기들』(*The Great Cat Massacre*), 조한욱 옮김(문학과 지성사 1996) 참고.

인) 사이의 관계는 온정적이지 않았다. 당시 노동자들은 '부르주아'에 대항해서 집단행동을 할 수 있는 여지가 거의 없었다. 그래서 저항이 고양이 울음소리라는 우회적인 전략으로 나타났고, '부르주아' 장인을 상징하는 고양이를 학살했던 것이다. 고양이 학살은 '부르주아'를 상징적으로 재판에 회부하여 유죄판결을 내린 것이다. 그래서 그 통쾌함을 지속하기 위하여 고양이 학살을 민중극으로 재연한 것이고, 그럼으로써 일종의 '한풀이'를 한 것이다. 둘째, 이러한 민중극은 지배계급에 대항해서 물리적 행사를 할 수 없을 때, 노동자의 한을 예술적으로 승화시키는 저항적인 민중문화의 형성으로 끝나지 않았다. 고양이 대학살은 반세기 후에 일어난 프랑스 혁명의 9월 학살14)에서 확대재생산 되었기 때문이다.

우리는 단턴의 해석대로 고양이 대학살이라는 텍스트 속에서 2가지의 상징적 연관관계를 밝혀낼 수 있다. 하나는 계급투쟁의 역사적 맥락이고, 또 하나는 민중문화의 폭력적 전통인데, 두 가지 모두 프랑스 혁명을 계기로 정점에 달했던 것이다. 그런데 민중문화의 폭력적 전통은 다음과 같은 두 단계를 동시적으로 거치면서 어두운 과거의 세계로 사라졌다. 첫째, 고양이 대학살에서 나타난 민중의 전통적 투쟁 방식은 자본주의 발달과 더불어 새로운 단계로 진화하였다. 즉, 자본주의 생산양식 하에서

14) 1792년 9월 학살을 의미한다. 1792년 4월 20일 입법의회 내각이 혁명을 방해하려는 오스트리아에 선전포고를 하고 프로이센이 오스트리아 편에 가담하여 23년간 지속될 전쟁이 시작되었다. 외침의 위협에 직면한 프랑스에서는 의용군이 조직되었다. 7월 하순 프로이센군 사령관의 위협적인 선언이 발표된 후 파리는 혁명열기가 더 고조되어, 8월 10일 의용군과 시민이 왕궁을 습격하였다. 8월 하순 전선의 상황이 악화되자 흥분해 있던 파리의 민중들은 국내의 반혁명분자를 처단한다는 구실아래 9월 2일부터 7일까지 즉결재판을 통하여 1,200명의 귀족과 비선서성직자 등을 처형하였다.

노동자층은 "계급"이라는 코드를 매개로 해서 집단적인 정치적 힘을 발휘하게 되었다. 둘째, 고양이 대학살에서 나타나는 폭력적인 양상은 근대 부르주아 사회 이전에는 모든 계층에서 일반적인 양상이었으나, 부르주아 사회 이후에는 반문명적이고 범죄적인 것으로 비판받게 되었다. 즉, 근대의 문명화 과정이 진행되면서 고양이 대학살에서 나타났던 민중의 폭력성은 낯선 것이 되어갔다.[15]

신문화사가들은 문화를 '상징적 형태로 나타나는 역사적으로 전승된 의미체계'로 정의하고, 문화의 해석을 중시한다. 일반 역사가가 사료(텍스트)를 해석하는 것과 같이 신문화사가는 과거인의 문화를 그들이 창작한 텍스트(문헌)로 보고, 그것을 해석하여 과거의 문화를 구명하려 한다. 그런데 신문화사는 아직은 그 연구방법이 정립되어 정착되지 못한 단계이다. 따라서 신문화사가들이 하나의 정형화된 해석이나 관점을 추구하지 않고, 다양한 가능성들을 제시하는 것은 당연하다 할 것이다. 새로운 가능성들에 대한 열린 마음, 그를 통하여 역사연구를 더욱 풍요롭게 할 수 있다는 가능성이 신문화사를 추구하는 역사가들을 긍정적으로 평가하게 하는 것이다. 그러나 과거사회를 문화적인 코드로 해석하려는 데에 문제가 없는 것은 아니다. 신문화사가들 역시 구조기능주의와 마찬가지로 문화연구의 초점이 사회적 통합이 어떻게 일어나고 있는가에 맞추어져 있고, 사회적 갈등에 대해서는 침묵하고 있다. 또 시각이 너무 국지적이다. 문화의 변형은 타문화와의 교류에서 일어나며 이를 통하여 새로운 문화창조가 가능한데, 신문화사가들의 연구는 이 같은 문화창조의 가능성들을 아직은 제대로 수용하지 못하고 있다.

15) 김기봉, "역사서술의 문화사적 전환과 신문화사", pp. 163～80.

참고문헌

곽차섭 편, 『미시사란 무엇인가』, 푸른역사 2000.

기어츠(C. Geertz), 『문화의 해석』, 문옥표 역, 까치글방 1998.

김기봉, 『'역사란 무엇인가'를 넘어서』, 푸른역사 2000.

김대환 편역, 『자본주의 이행논쟁』, 동녘 1984.

김영한· 임지현 편, 『서양의 지적운동 I 』, 지식산업사 1994.

김응종, 『아날학파』, 민음사 1991.

김응종, 『아날학파의 세계』, 아르케 2001.

나종일, 『세계사를 보는 시각과 방법』, 창비신서 1992.

니체(F. W. Nietzsche), 『짜라투스트라는 이렇게 말하였다』, 정유석 역, 삼성출판사 1974.

다니엘즈(R. V. Daniels), 『역사연구: 어떻게 왜 해야 하나』, 이호민 역, 민지사 1993.

단턴(R. Darnton), 『고양이 대학살-프랑스 문화사 속의 다른 이야기들』, 조한욱 역, 문학과 지성사 1996.

데카르트(R. Descartes), 『방법서설』, 이현복 역, 문예출판사 1997.

도슨(C. Dawson), 『역사의 원동력』, 나종일· 민석홍 역, 삼성문화문고 1974.

드레이(W. H. Dray), 『역사철학』, 황문수 역, 문예출판사 1990.

로스토우(W. W. Rostow), 『경제성장의 제단계』, 이상구· 강명규 역, 법문사 1969.

뢰빗트(K. Lowith), 『역사의 의미』, 이석우 역, 탐구당 1990.

르 고프(J. Le Goff), 『연옥의 탄생』, 최애리 옮김, 문학과지성사 1984.

마르크스(K. Marx), 『정치경제학비판』, 김호균 역, 중원문화사 1989.

마르크스· 엥겔스(K. Marx · F. Engels), 『독일이데올로기』, 김대웅 역, 두레 1989.

만델보움(M. Mandelbaum), 『역사지식의 해부』, 임희완 역, 집문당 1987.

매뉴얼(F. E. Manuel), 『계몽사상 시대사』, 차하순 역, 탐구신서 1976.
무어(B. Moore, Jr.), 『독재와 민주주의의 사회적 기원』, 진덕규 역, 까치 1985.
민두기 편, 『중국사 시대구분론』, 창작과비평사 1984.
박성수, 『역사이해와 비판의식』, 종로서적 1980.
박성수, 『역사학개론』, 삼영사 1977.
반스(H. E. Barnes), 『서양사학사』, 허승일·안희돈 역, 한울아카데미 1994.
베러클로우(G. Barraclough), 『현대 역사학의 추세와 방법론』, 이연규 역, 풀빛 1983.
베르쟈예프(N. Berdjaew), 『역사란 무엇인가』, 이경식 역, 전망사 1981.
베른하임(E. Bernheim), 『사학개론』, 조기준 역, 삼성출판사 1993.
베버(M. Weber), 『막스베버 선집』, 임영일·차명수·이상률 편역, 까치 1991.
베버(M, Weber), 『막스베버의 사회과학 방법론』, 전성우 역, 사회비평사 1997.
보그트(J. Vogt), 『새로운 역사관』, 이양기 역, 형설출판사 1985.
봉천서양사연구실 엮음, 『서양의 역사학 I 』, 청년사 1997.
부르크하르트(J. Burckhardt), 『역사를 어떻게 볼 것인가』, 이상신 역, 한길사 1982.
부르크하르트(J. Burckhardt), 『이탈리아 르네상스의 문화』, 안인희 역, 푸른숲 1999.
브로델(F. Braudel), 『역사학 논고』, 이정옥 역, 민음사 1990.
브린튼(C. Brinton), 『혁명의 해부』, 차기벽 역, 문명사 1982.
블로크(M. Bloch), 『봉건사회 I, II』, 한정숙 역, 한길사 1986.
블로크(M. Bloch), 『역사를 위한 변명』, 정남기 역, 한길사 1981.
블로크(M. Bloch), 『프랑스 농촌사의 기본성격』, 김주식 역, 신서원 1994.
비코(G. Vico), 『새로운 과학』, 이원두 역, 동문선 1997.
샤프(A. Schaff), 『역사와 진실』, 김택현 역, 청사 1982.
쇼오(W. H. Shaw), 『마르크스의 역사이론』, 구승회 역, 청하 1987.
쉐플러(Richard Schaeffler), 『역사철학』, 김진 옮김, 철학과현실사 1997.
슈펭글러(O. Spengler), 『서구의 몰락』, 박광순 역, 범우사 1995.
슐룸봄(J. Schlumbohm), 『미시사와 거시사』, 백승종 외 옮김, 궁리출판 2001.

스완스트롬(R. Swanstrom), 『역사란 무엇인가』, 홍치모 역, 성광문화사 1982.

스티븐슨(C. Stephenson), 『봉건제란 무엇인가』, 나종일 역, 탐구신서 1990.

스카치폴(T. Scocpol), 『국가와 사회혁명』, 한창수·김택현 역, 까치 1983.

아우구스티누스(Augustinus), 『신국론: 하나님의 도성』, 조호연·김종흡 역, 현대지성사 1997.

아파나세프(V. G. Afanasiev), 『역사적 유물론』, 백두 1988.

안병직 외, 『오늘의 역사학』, 한겨레신문사 1998.

애스턴(T. H. Aston)·필핀(C. H. E. Philpin) 편, 『농업계급구조와 경제발전-브레너 논쟁』, 이연규 역, 집문당 1991.

야스퍼스(K. Jaspers), 『역사의 기원과 목표』, 백승균 역, 이화여대출판부 1986.

양병우 편, 『역사가와 역사인식』, 민음사 1989.

양병우, 『역사논초』, 지식산업사 1987.

양병우, 『역사의 방법』, 민음사 1988.

에번스(R. Evans), 『역사학을 위한 변론』, 이영석 역, 소나무 1999.

오주환, 이광주 엮음, 『역사이론』, 문학과 지성사 1987.

워커(W. Walker), 『기독교회사』, 류형기 역, 한국기독교문화원 1983.

월시(W. H. Walsh), 『역사철학 입문』, 이진표 역, 열음사 1987.

이거스(G. Iggers), 『현대 사회사학의 흐름』, 이민호, 박은구 역, 전예원 1982.

이거스(G. Iggers), 『20세기 사학사』, 임상우, 김기봉 역, 푸른역사 1998.

이광주 외, 『역사와 사회과학』, 한길사 1981.

이광주, 이민호 엮음, 『현대의 역사이론』, 한길사 1987.

이기백 엮음, 『역사란 무엇인가』, 문학과지성사 1976.

이민호, 『역사주의-랑케와 마이네케』, 민음사 1988.

이민호, 『현대사회와 역사이론』, 문학과지성사 1982.

이상신, 『서양사학사』, 신서원 1993.

이상신, 『역사학 개론』, 신서원 1994.

이상철, 『신이상주의 역사논리』, 박문각 1993.

이상철, 『역사철학연구』, 종로서적 1987.

이상현, 『역사로의 입문』, 박문각 1993.

이상현, 『역사철학과 그 역사』, 박문각 1991.
임희완, 『역사학의 이해』, 건국대학교출판부 1994.
조한욱, 『문화로 보면 역사가 달라진다』, 책세상 2000.
차하순 편저, 『사관의 현대적 조명』, 청람문화사 1978.
차하순 엮음, 『사관이란 무엇인가』, 청람문화사 1983.
차하순, 『랑케와 부르크하르트』, 탐구당 1984.
차하순, 『역사의 본질과 인식』, 학연사 1988.
차하순, 『역사의 이해』, 탐구당 1974.
차하순, 『현대의 역사사상』, 탐구당 1994.
차하순 외, 『한국사 시대구분론』, 소화 1995.
카(E. H. Carr), 『역사란 무엇인가』, 이연규 역, 단우 1992.
카시러(E. Cassirer), 『계몽주의 철학』, 박완규 역, 민음사 1995.
케이(H. J. Kaye), 『영국의 마르크스주의 역사가들』, 양효식 역, 역사비평 1988.
켄트(S. Kent), 『역사학 연구법』, 안정모 역, 성문각 1988.
코젤렉(R. Koselleck), 『지나간 미래』, 한철 옮김, 문학동네 1998.
콘킨(P. Conkin), 스트롬버그(R. Stromberg), 『서양사학사』, 임희완 역, 철학과현실사 1990.
콜링우드(R. G. Collingwood), 『역사의 인식』, 소광희, 손동현 역, 경문사 1979.
쿨본(R. Coulborn) 편, 『봉건제의 이해』, 김동순 역, 민음사 1996.
크로체(B. Croce), 『역사의 이론과 역사』, 이상신 역, 삼영사 1978.
키른(P. Kirn), 『역사학 입문』. J. C. 트라우트, 한기영 역, 정음사 1985.
타이어니(B. Tierney) 엮음, 『서양중세사 연구』, 박은구 외 옮김, 탐구당 1987.
토인비(A. J. Toynbee), 『역사의 연구』 2 vols, 홍사중 역, 학원출판사 1984.
투기디데스(Thucydides), 『펠로폰네소스 전쟁사』, 박광순 역, 범우사 1993.
프레이저(J. G. Frazer), 『황금가지』, 김상일 역, 을유문화사 1983.
피렌느(H. Pirenne), 『중세유럽의 도시』, 강일휴 역, 신서원 1997.
한국경제사학회, 『한국사 시대구분론』, 을유문화사 1995.
헌트(L. Hunt), 『문화로 본 새로운 역사』, 조한욱 역, 소나무 1996.
헤겔(G. W. F. Hegel), 『역사철학 강의 I, II』, 김종호 역, 삼성출판사 1982.

헤겔(G. W. F. Hegel), 『역사속의 이성』, 임석진 역, 지식산업사 1992.

헤로도토스(Herodotos), 『역사』, 박광순 역, 범우사 1987.

헬러(A. Heller), 『역사의 이론』, 강성호 역, 문예출판사 1988.

호이징가(J. Huizinga), 『중세의 가을』, 최홍숙 역, 문학과지성사 1988.

홉스보움(E. J. Hobsbawm), 『현대사회의 이론과 역사인식』, 조성윤 역, 청아 1982.

화이트(D. White), 『역사의 탐구』, 이상영 역, 문성당 1983.

후크(S. Hook), 『역사와 인간』, 민석홍 역, 을유문화사 1984.

휴즈(H. G. Hughes), 『과학과 예술로서의 역사』, 이순영 역, 풀빛 1981.

P. Gardiner, ed., *The Philosophy of History*, Oxford University Press, 1974.

F. Gilbert, *The Historical Essays of Otto Hintze*, Oxford University Press, 1975.

C. H. Haskins, *The Renaissance of the Twelfth Century*, Harvard University Press, 1971.

H. Pirenne, *Medieval Cities*, trans. Frank D. Halsey, Doubleday Anchor Books: N. Y., 1965.

M. M. Postan, *Fact and Relevance: Essays on Historical Method*, Cambridge University Press, 1971.

인명색인

(ㅁ)

(ㅂ)

(ㅅ)

(ㅇ)

(ㅈ)

(ㅊ)

(ㅋ)